輕鬆搞定！新課綱
系統思考素養的教與學
不被機器人取代的能力 第二版

楊朝仲————主編

五南圖書出版公司 印行

360年前的鄭成功，跟現在的孩子有什麼關係？以系統思考的框架，重新理解我們的過去、現在和未來

在學校讀歷史的時候，複雜的事件常常被簡化，最後只剩下一個段落，剩下年分、事件和結果而已。

例如：書上提到「明永曆十五年（1661年），鄭成功率軍從金門渡海來臺，擊敗荷蘭人。」我們以今天的眼光來探究這件事，就知道這是一個難度很高的軍事行動。跨海攻擊，牽涉到整體的攻略、軍士的海空戰技、士氣激勵、運糧補給、造船的技術、複雜的海流、天氣的變化……。直到今天，經過各方學者探究，解析出這是一個為時8天，經歷三段式跳島才完成的海陸戰役。

在學校裡，如何可以用更深刻的探究，重新解析這件事？有一個作法，就是回歸到108課綱主張的「回到真實情境，解決真實問題」。換言之，就是讓學生設想：「如果我今天是鄭成功陣營裡的謀士，我要如何讓這個戰役成功？」

在這些環環相扣的決策中，絕對不能忽略的，就是系統思考。逢甲大學楊朝仲老師，這些年一直在學校推動這樣系統思考。朝仲老師說：「在解決問題時，我們常常專注於想出對策，卻常常忽略每一個對策，都有『後遺症』和『反效果』。如果不誠實面對這兩種阻力，問題就無法真正解決，只是窮忙。」

所以，他定義這樣的系統思考，是「從解析議題到解決問題」的思考。這種從思辨到行動的系統思考，符合108課綱的精神，也因此吸引了幾位國高中老師一起參與共備。

　　這本書紀錄了老師們探索新課程的珍貴軌跡。閱讀這本書的時候，我看到新店高中吳秋萱老師，與校內各科老師共備「鄭成功跨海來臺」的教案，驚為天人！這樣的教案重現了真實世界的複雜詭譎，也更體現了周密思考、審慎行動的價值。

　　新店高中的老師把「鄭成功跨海來臺」視為一個大型的軍事專案，整合了8個科別的老師，帶領學生，一起重現謀士的思考及行動。

　　物理科的老師，研究如何提高槍砲命中率。

　　地球科學的老師，研究如何掌握海流變化。

　　生物科的老師，研究如何保持軍糧充足。

　　化學科的老師，研究如何提高砲攻火力。

　　國防科的老師，研究如何提高軍心士氣。

　　上述的每一項決策，都要考慮行動方案、後遺症和反效果，如此，忠實地呈現一個歷史上的真實事件，在當時面臨的真實情境，以及要解決的真實問題。以這樣的思維重新檢視歷史，我想，歷史課對於我們的人生，充滿了啟發和省思，尤其在AI的時代，面對更為複雜的未來，這樣的思辨與思維，更是充滿價值。

　　當然，系統思考能夠檢視的議題，不限於鄭成功。朝仲老師說，每個人生活中碰到的「窮忙」議題，都可以拿來審視。例如：為什麼想要減重，卻越減越重？想要成績更好，去補習，成績卻沒有進步？這些大大小小的煩惱，都可以從「解析議題」到「解決問題」的步驟找到解方。AI時代，身而為人，如何活得更好？關鍵也許就在這裡。

　　推薦這本書給所有在教學現場，想要以新思維來進行嘗試的老師們。老師有了創新思維，學生就能有新的學習，如此，就能成就全新的課室風景，令人期待。

丘美珍

品學堂文化長

系統思考的入門寶典

　　過去兩年多，AI造成的風潮對教育體系也帶來不小的影響，尤其在黃仁勳訪臺台旋風之後，教育現場對AI能提供教師與學生在教學過程中多少協助有許多的討論與應用，更有甚著已經在擔心未來人類是否會被AI所取代。套用本書主編楊朝仲教授的話，具備系統思考的能力才能讓我們不被AI所取代。其實，臺灣現行的十二年國教的總綱裡就已經納入系統思考，但是系統思考是什麼？又該如何使學生具備這樣的能力？這卻是職前師資培育與在職教師專業發展的過程中鮮少處理的議題。

　　系統思考或系統動力學其實是一門深奧的學問，子斌自己學習多年也不敢說能很好地應用，因為要能對系統「見樹也見林」，這需要時間與深入的理解。子斌與朝仲教授相識多年，深知朝仲教授是國內系統思考教育應用的翹楚，且長期投入此一領域進行耕耘，其用心與毅力令人感佩。朝仲教授本身就是跨學科領域的斜槓教授，從水利背景到系統思考，從高等教育到高中教學，近年來更是將系統思考與專案管理進行更好地結合，在大學端與高中端都有相當的影響力。

　　這本《輕鬆搞定！新課綱系統思考素養的教與學》，其中包含朝仲教授運用八爪章魚的意象將系統思考以簡潔、精要的方式進行說明，讓學習者容易入門一窺堂奧。其次，書中更收錄十一位高中教師的真實教學案例，主題包含八爪章魚覓食術在閱讀、國文寫作、跨領域專題等的

應用。子斌在閱讀本書的過程中，對於朝仲教授能將系統思考以如此深入淺出的方式進行說明感到佩服。對於有心瞭解系統思考與其教學應用的教學現場夥伴，本書絕對是必讀的入門書籍，推薦給修習職前師資培育課程的師資生，以及所有對系統思考有興趣的高中教師們，學習系統思考能為您自己、您的學生打破思考的框架，用更全觀的方式瞭解系統，並有效地解決問題。

林子斌

國立臺灣師範大學教育學系教授兼師資培育學院院長

為什麼我們要精熟系統圖

　　思維圖象在近幾年受到高度重視，其中一個理由是它讓思考的課堂有了簡單而具體的依據。對於一個複雜的事件，哪些核心部件必須保留？哪些可以簡化？當學生把他所理解到的畫出來，他說出、畫出、寫出什麼，《當思考變得可見》：「特定形式、層次的思考也就出現了」。學生透過繪製圖象，可以自我審視、自我修正，將事件的來龍去脈，讓自己一目了然，也能夠透過圖象，快速掌握夥伴的想法，接受教師的指導，掌握分組學習，以及未來職場團隊上溝通的有力工具。

　　朝仲教授大力推廣的系統思考八爪章魚圖非常簡單，容易入手，實際上反覆使用後會感受到它的強大特點——由於「目標」、「現況」、「差距」必須使用同一個單位，例如：人數、或是時間的長短、食物的分量……在這個量化的基礎上，無形中就引導同學簡化觀察的角度，每次聚焦在一件事情（一個量）上。

　　就以第六章中提到的「鄭成功跨海來臺」為例，新店高中的教師團隊，從國防、地科、歷史……等八個不同學科的角度，來分析這個事件，就抓到海流（地科）、軍糧（生物）、火力（化學）、命中率（物理）、士氣（國防）……等八個不同的量來觀察鄭成功登陸來臺的軍事決策狀態，最後整合起來，重現歷史事件的決策模型，洋洋灑灑，真是讓人看得熱血沸騰。

我實際帶同學操作的經驗，深知同學們繪製過程一定會經歷摸索期，感謝這本書有好多具體案例，向教師和同學展示八爪章魚圖在知性寫作題、探究報告、活動規劃，都能應用結合，反覆操作，達到熟能生巧的效果。

　　誠如英國統計師George E. P. Box 的那句名言：「所有的模型都是錯的，但有些很有用。」八爪章魚圖讓教師輕鬆帶同學們走進專案思考的殿堂，它不是絕對的，卻實際能巧妙地簡化系統的動態變化，就算同學在繪製的過程不一定完全精準，它對於幫助我們觀察事件的動態變化，檢視過度樂觀的預期，減少窮忙可能，有非常好的作用。

張玲瑜

思辨推手　Taco老師

系統思考為關鍵能力

21世紀這個充滿變化與複雜性的時代，全球的教育系統因應世界改變的趨勢及未來人才需求，從已開發的先進國家到快速發展的新興經濟區域，都在進行大幅度的課綱更新，臺灣也在這波教育改革的行列中與國際趨勢同步推動108新課綱。

新課綱與過去最大的不同之處是以素養為導向，期許把學生培養成一位能發現問題、解決問題的終身學習者。學生要有這樣的表現，需要具備獨立自主的能力，而獨立自主行為，包括思辨與選擇，最關鍵的影響是思考模式，尤其是系統性的思考。

從個人擴大向外來看，產業、生活、社會、國際……等發展，也都充滿創新或永續的挑戰，而系統思考作為掌握問題，提出解決方案的關鍵能力，變得比以往任何時候都更加重要。楊朝仲先生在他的著作《輕鬆搞定！新課綱系統思考素養的教與學》中，以深入淺出的方式，闡述了如何將系統思考的概念融入教學與學習中，為我們揭示了一條理解和應對當今世界挑戰的有效途徑。

本書不僅是對系統思考理論的精闢講解，更是提供了教學現場實踐應用的具體實例，讓讀者能夠將理論與實際問題相結合。楊朝仲先生透過豐富的實例，展示了如何在教學現場中引導學生發展系統思考素養，使他們能夠更全面地看待問題，並尋求解決方案。

系統思考作為一種關鍵能力，能幫助我們看見事物間的相互關聯，

從而更有效地應對複雜問題。本書的出版，無疑將為教師、教育工作者及所有對系統思考有興趣的人士，提供寶貴的資源與啟示。楊朝仲老師的這本書，不僅是對系統思考的精彩詮釋，更是一部實踐指南，值得每一位追求深度思考和解決問題能力的讀者細細品味。

《輕鬆搞定！新課綱系統思考素養的教與學》是一本必讀之作，它不僅豐富了我們對教育的理解，也為我們應對未來挑戰提供了強有力的支持。推薦這本書給所有渴望在教育與學習上有所突破的朋友們。

黃國珍

品學堂創辦人

集大成於一書

　　集系統思考之大成於此書，是我看完書後，迸然而躍進思考大堂之上的第一個直覺式想法。

　　十二年國民基本教育之核心素養，強調培養以人為本的「終身學習者」，而「系統思考與解決問題」恰為課綱三大面向和九大項目中，最基本也是最為核心的素養。推動十二年國教課綱最困難的部分，莫過於眾人對核心素養的認知莫衷一是，常有各說各話的狀況發生，形成課綱實施前，師生和家長們焦慮的來源。造成此種現象的關鍵因素，即在於課綱對於核心素養雖有許多論述，但是在實務操作上應如何落地可見，卻一直缺少了具體的實證指引。這本書的問世，以許多不同學科的面貌結合教學教案，正好提供了實務操作中最迫切需要的實例說明，讓第一線的教師們，有心要落實十二年國教課綱者，手中能握有一本非常實用的操作手冊。

　　系統思考與解決問題，多年前早已是世界各國教育改革列為學生最重要且應學會的基本能力和競爭力，臺灣的教育界也不遑多讓地大力鼓吹了好些時候。但是，時至今日，第一線的教育現場，雖有些老師或學校努力推動能力導向的教與學，但也一直難有全面性變革出現。筆者認為，這種難以全面推動的障礙固然有諸多因素，但其關鍵者，應該是多數的有心人士，雖知其應然，但因一直缺少一套有系統的作法，卻不知應如何然。這本書的出現，縱使它不是一個全方位的解答，但確實提供

了有心致力於教導學生系統思考與解決問題者，一個很好的起始點。以一套有系統、有步驟的思考程序，帶領學生產生好奇心，探索問題的本質，學會解決問題的功夫，這本書，是一個很適當的起手式。

　　雖然，整本書的脈絡聚焦於如何教導系統思考的能力。但是，作者楊老師不僅於大學任教，也經由和高中老師緊密的合作下，對於中學教育現況有很深刻的理解。因此，如何在中學以創新的教學法，設計教案以達到能力導向式的教學建議，書中處處可見。所以，對於有意推動教師專業發展如何有效教學的學校，把此書視為一本教學教法的教科書或參考書，亦是另一種使用方法的選擇。

　　最後一章，楊老師分享了和高中教師合作的跨領域專題式課程教案。這個教案證實了主題式的跨領域專題式教學的可行性，也提供了有意嘗試者一個有用的參考實例。最重要者，當十二年國教課綱仍受限於學科本位的科目形式時，藉由此教案分享，可以讓我們思考課綱的下一步，未來的下一版課綱，是否有可能把科目數減少至八科以下，甚或是一種不以學科為本，而是以主題或現象為本的新時代課綱！

陳偉泓

建國高級中學前校長

創新思維決定勝負

　　面對新科技、新領域及新世紀，企業的經營策略及未來人才的培育，將不再僅是以傳統思考與策略即能面對與因應，隨著AI人工智慧、物聯網、大數據分析、跨域異業等之普及，人類有許多擅長或優勢的功能已逐漸被科技趕上、超越，甚至取代，我們所面臨的未來世界，科技發展將是一日千里，超乎想像。

　　世界各國無不努力在科技智慧領域競爭發展，但另一方面，也更積極地在人才培育及教育本質方面努力提升，特別是教育革新與教學翻轉領域，唯有人類智慧與思維也不斷精進，與創新科技智慧能共榮發展，才是未來世代的福祉。

　　所有良好的決策與行動策略，多是來自廣泛的認識，以及搜尋問題後能加以分析轉化，並藉由邏輯性與系統性的判斷與研擬，綜合評估優劣長短，發現問題、面對問題並解決問題。然發現並將問題解決，可能也只是解決了當下的問題，或許仍尚不足以因應未來，甚至達成加值創造價值或利益的更高目標。而當面對跨域結合涉及多元領域時，待克服問題的複雜性與困難度更是盤根錯節，如何敏銳觀察現象找出核心問題，以系統思考方式解決問題，加上創新思考，才能從逆境中奮出，反敗為勝，創造巔峰。

　　十二年國教課程課綱全面展開，這是攸關教育及社會未來興衰的重大工程，其最重要的核心精神與價值即是自發、互動與共好，更重視跨

域學習、彈性自主與創新多元，強調素養導向學習，期望孩子們都能擁有正確判斷、系統思考、問題解決、多元價值、創新學習等能力或素養，以達成培育未來人才的全人目標。

　　本書乃以「系統思考八爪章魚覓食術」的創新方法、實際課程與題解示範應用等，讓讀者能夠清晰明確且有系統地學習，內涵實用貼切、內容淺顯易懂、方法易學可行、效益深遠實惠。特別是由多位在第一線教學的優秀老師，以素養導向教學示例，讓學習者以問題的定義、問題的發散思考、問題策略研擬等循序流程，進行思考進而解決問題，使「系統思考素養」能有效地被運用並實踐在新課綱的教與學之中，俾使教師、學生與讀者們皆能在面對廣泛的學習、生活、家庭、職場、事業經營、人際等方面的問題，均能迎刃而解，進而創造價值與更高目標，因此深值推薦。

　　競爭的時代更要有創新的思維，在「創新思維決定勝負」的時代中，十分樂見本書為教育與社會提供優良的學習方式與成效！

陳定宏

彰化家商校長

彰化師大工教系教育博士

建築師高考及格

作者序

　　現今世界各國都迫不及待地進行教育革新與教學翻轉，這是因為人類已經進入破壞性創新時代，AI、物聯網、大數據分析、智慧機器人等都是屬於這個時代的重要發展產物。所謂「破壞性」，就是將舊有的使用習慣完全顛覆，誰能改變消費者的習慣誰就是贏家。所以在破壞性創新時代，你真正可怕的對手不是看得見的競爭同業，而是看不見的跨領域異業，誰的問題解決能力強，誰就能「贏者全拿」。時代升級，教育方式也要升級，108 新課綱強調的「系統思考與問題解決核心素養」及「跨領域專題式課程」，不僅具有劃時代教育發展的重要性，更能因應破壞性創新時代所需。

　　為了讓高中現場的老師與學生，或是一般有興趣的自學者，能高效學習與掌握系統思考，本書採用八爪章魚覓食術作為高中新課綱各個應用面向的方法。八爪章魚覓食術以章魚頭繪製，爪子伸出抓取食物與爪子將食物捲回口中來演繹問題的定義，從問題核心進行發散與收斂的分析動作，這樣的設計方式不僅好記、容易學習，也方便教學的實做應用。所以，已經有許多高中實際採用八爪章魚覓食術，在各科進行教案開發與選修課程的教授工作。

　　由於系統思考與問題解決是一種素養，其本質就是習慣的培養，要能讓學生有效養成系統思考習慣的關鍵，就在要塑造一個到處可以使用系統思考來進行問題解決的學習環境。如同九九乘法表，因為日常生活與學校學習到處都用得到這張表，經常使用便產生了活用的能力，一旦能夠活用，便不需要再隨身攜帶這張表，道理是一樣的。有鑑於此，本

書實際運用八爪章魚覓食術,在新課綱六大關鍵應用面向,採用真實教學案例進行仔細解說。

　　希望透過本書的八爪章魚覓食術創新方法、實際課程及解題示範等應用說明,拋磚引玉,能鼓勵更多人學習系統思考。最後由衷感謝本書的共同作者,清水高中李政熹老師、衛道中學管新芝老師、明道中學徐文濤老師、新店高中吳秋萱老師、新店高中白佩宜老師、新店高中徐君蘭老師、新店高中陳正昌老師、新店高中柯如營老師、新店高中陳義堯老師、新店高中林虹均老師、新店高中胡家瑒老師,在百忙之中撥冗共同研發,系統思考八爪章魚覓食術在新課綱各大關鍵應用面向,具體有效的導入方法,並實際開課教授和參與寫作。還有五南出版社侯家嵐副總編輯在出版過程中,提供寶貴的編修建議與出版進度的精準掌控。

逢甲大學專案管理碩士在職學位學程主任
逢甲大學專案管理與系統思考研究中心主任

楊朝仲

2024年8月22日

CONTENTS

第1章

輕鬆認識：不會被機器人取代的能力——系統思考..........楊朝仲　1

第2章

輕鬆學習：系統思考新方法八爪章魚覓食術
與小論文的高效應用......................................楊朝仲　7

第3章

輕鬆搞定：閱讀素養系統思考的教與學.................楊朝仲、管新芝　27

輕鬆認識：不會被機器人取代的能力──系統思考

楊朝仲

世界經濟論壇針對第四次工業革命，於2016年初發表的未來職業報告中，具體指出哪些工作不會被機器人取代，凡是講究創意、具備批判思考、能透過溝通協調與他人合作、解決複雜問題的能力，都不容易被取代。其中批判思考與解決複雜問題的能力正是「系統思考與解決問題」的概念。柏尼・崔林和查爾斯・費德所著《教育大未來：我們需要的關鍵能力》（21st Century Skills: Learning for Life in Our Times）一書中提到，世界各地的報告均證實，許多公司都因這項21世紀關鍵能力的斷層損失大量金錢。美國學者在研究中更清楚指出中學、技職學校和大學的畢業生，十分欠缺部分基本能力，應用能力更是嚴重不足。這裡所指的關鍵與基本能力，其中有一項便是「嚴謹思考和解決問題的能力」，書中同時具體指出這項能力的實際操作方法就是系統思考。此外，EQ之父丹尼爾・高曼（Daniel Goleman）與第五項修練管理大師彼得・聖吉（Peter M. Senge）所著《未來教育新焦點》（The Triple Focus: A New Approach to Education）提到，系統思考的能力會讓孩子更有信心面對現在與未來各式各樣的社會與環境難題。由上述可知，多元教育發達先進的美國已把系統思考視為未來教育發展的重要方向，面對這樣一個大趨勢，我們慶幸看到教育部將「系統思考與解決問題」訂為12年國教新課綱的核心素養以為因應。

為何世界各國都迫不及待地進行教育革新與教學翻轉呢？

這是因為我們逐漸進入破壞性創新時代，所謂「破壞性」，就是將舊有的使用習慣完全顛覆，誰能改變消費者的習慣誰就是贏家。例如：以前的人習慣用按鍵電話，現在卻全部被智慧型手機所取代。曾經大家習慣使用的無名小站、部落格，如今也已消失，現在大家都用Facebook、LINE等社群介面溝通，溝通工具改變，破壞了我們原有的溝通習慣。這種破壞習慣的商業模式將會成為「贏者全拿」，也就是「大者恆大」的現象。破壞性創新時代的贏家與組織的規模無絕對相

關，即使是一人也能「創業」，就像近年超夯的3D列印機加上網路行銷的盛行，產品服務從生產、設計、行銷均能一人包辦，而直播網紅透過點閱率也能創造出如同中小企業的營業額。

究竟什麼是創意、什麼是創新？

日本學者永田豊志，同時也是SHOWCASE TV公司營運總監，曾在《建構創新軟實力》（革新のなアイデアがザクザク生まれる発想フレームワーク55）一書中所指，「創意是問題解決的較佳選項」。面對同一問題，如果同業對手只有一個解決方案，而我們卻有十種方式可以解決問題，不但「舉一反十」甚至「舉一反二十」，就更能夠從中挑選出較佳的策略方案。不過問題在於，答案要多的前提是什麼？就是你要有能力看到問題的全貌。能否看清問題的全貌，則取決於是否擁有「系統思考」的能力，因為唯有跳出既有思維框架來看清問題，你的解決方案就會多，自然就能從中挑出不一樣且有創意的答案。至於創新是「可行的創意」，預算可行、時程可行、風險可行、資源可行、技術可行等，所以專案就是最適合具體執行創意的方式。有鑑於此，系統思考是創意或專案「為何而做」（Know Why）的有效分析方法，而專案管理則是創意「如何去做」（Know How）的創新實踐有效方法。

樂高就是系統思考創新最佳範例之一

2003年樂高（LEGO）的營運瀕臨破產窘境，如果它的產品依然堅持定位在小孩的玩具領域上，那麼在目前這個小孩以電玩為主的時代中可能就會消失。但它後來跳脫兒童玩具思維的框架，朝著「大人小孩都愛玩」的方向發展，並重新定位自己為大眾娛樂文化的創新者。之後樂高不僅與好萊塢合作，推出星際大戰系列積木，也推出樂高積木相關電影、卡通、線上遊戲、複合式餐廳、大型遊樂園等藍海新領域，今天的樂高其實已非玩具業，而是文化創意產業的代名詞。所以當問題解決模式越強、商業模式也就越強，專案管理模式越強，執行能力也就越強，

最後才越有辦法把創意轉換為創新，達到「贏者全拿」。

如何提升自己的問題解決能力

　　經營者要有能力看到問題的全貌，如果做不到，即使專業能力再強，也無法找出治本的方案。關鍵是，在破壞性創新的時代，民眾要的是「治本」，所有服務都要一次到位，因此現在所有成功的創業模式，都是朝著「全方位解決方案」（Total Solution）的方向進行，物聯網就是例子之一，提供一次到位的服務，讓民眾不用再去倚賴其他人或其他工具。日本戰略之父大前研一所著《科技4.0》（テクノロジー4.0）一書也提到，物聯網不要只看到設備、終端等單獨機體，以整體的相關系統思考就容易想出超越業界價值的創意。

系統思考也是大數據分析關鍵能力之一

　　因為系統思考可以協助分析大數據，對於營運銷售有牽一髮動全身的特性。大數據分析應用上有兩種思考模式：(1)有了資料，可以拿來做什麼？(2)想要解決問題及達到目標，需要什麼資料？由此可知，大數據分析主要不是強調資料多，而是強調資料連動關係複雜，所以重視尋找資料資訊間因果回饋關係的系統思考就非常適用。另一方面，在破壞性創新時代，真正可怕的對手不是看得見的競爭同業，而是看不見的跨領域異業。例如：手機未來最大的敵人可能是手錶，而手錶未來最大的敵人可能是眼鏡。唯有跳出既有領域框架，發揮系統思考，看清問題全貌，才能在破壞性創新時代做到「制人而不制於人」、「不戰而屈人之兵」。

　　邁入工業4.0時代，不能再用過去製造業的舊思維來思考產業經營。時代升級，教育方式也要升級，所以108新課綱強調的「系統思考與問題解決核心素養」以及「跨領域專題式課程」，具有劃時代教育發展的重要性。由上述可知面對未來世界發展趨勢，學生必須從教育中獲得問題解決能力、知識的整合管理及運用能力，而系統思考便是能同時

培養這些能力的新教育課程與方法。希望透過本書的創新方法與示範說明，拋磚引玉，鼓勵更多人投入系統思考學習與教育發展。

第 2 章

輕鬆學習：系統思考新方法八爪章魚覓食術與小論文的高效應用

楊朝仲

第一章提及的破壞性創新時代，其問題具有「動態複雜」的特性，類似於下棋時的牽一髮而動全身，而非像拼圖般只是單純的「細節複雜」。動態複雜主要有兩個特性，一是「利害關係複雜」，二是隨時間流逝，問題會不斷改變的「動態性」。所謂的利害關係複雜，是指牽涉其中的人和事很多；動態性則是人與人、人與組織、人與事件，甚至事件與事件之間都是相互連動、隨時改變的。「一旦事件的利害關係人變多，問題也會跟著變複雜，系統思考就是專門解決這類動態、複雜的問題」，有鑑於此，再加上新課綱高中端的系統思考應用主要著重在「問題解決」方面，所以在高中導入，非常適合採用《系統思考與問題解決》一書所設計的「八爪章魚覓食術」（該書為本書作者楊朝仲等人的另一本系統思考相關著作）。八爪章魚覓食術以章魚頭繪製，及爪子伸出抓取食物與爪子將食物捲回口中，來演繹問題的定義與從問題核心進行發散與收斂的分析動作，這樣的設計方式不僅好記、容易學習，也方便教學的實做應用。

2-1　系統思考八爪章魚覓食術

　　《系統思考與問題解決》一書所設計的「八爪章魚覓食術」可以分為兩大步驟：章魚頭的繪製與爪子伸出捲回的繪製。

（一）章魚頭的繪製

　　一般問題的定義如圖2-1所示，由理想狀態（目標）、現實狀態（現況）與差距所組成。當目標與現況間發生差距時，可能意味著出現了問題。通常差距越大時，問題的嚴重程度也越高。

圖2-1　一般問題的定義

　　舉例如下，現在體重為70公斤，自我要求的目標為60公斤，此時目標與現況間發生了10公斤的差距，所以問題的定義即為體重過重，如圖2-2所示。

圖2-2　體重過重的問題

　　這時，我們便會採取相對應的措施或對策，希望藉著措施或對策的產出或效果，來改變現況，以期縮小與目標的差距進而解決問題。上述問題定義的「目標」、「現況」、「差距」與採取的「措施（對策）」和其「效果（產出）」即為章魚頭的核心結構，如圖2-3所示。

1. 問題的定義

章魚頭繪製

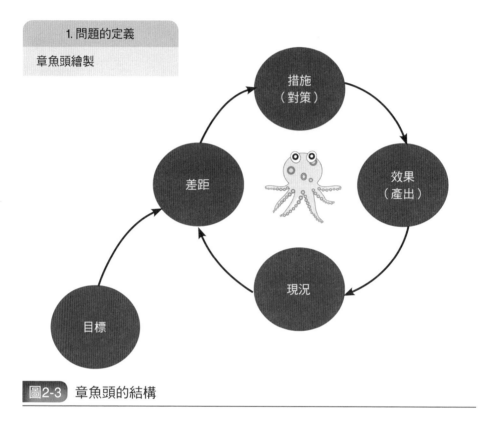

圖2-3　章魚頭的結構

　　章魚頭繪製需要遵循以下四個規則：

1. 規則一：

　　箭頭的連接線需解讀成「影響」的意思，如圖2-4。箭頭兩側表示兩個名詞之間的因果互動關係，例如：效果→現況，代表效果（因）會影響現況（果），影響方式有四種：效果越好則現況越好、效果越好則現況越差、效果越差則現況越好、效果越差則現況越差。

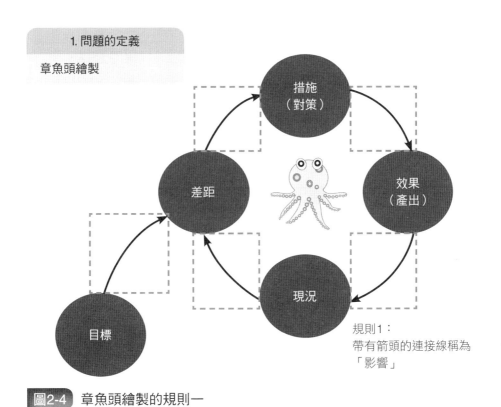

圖2-4　章魚頭繪製的規則一

2. 規則二：

圖形中的每一區塊都只能放入一個「名詞」，如圖2-5。

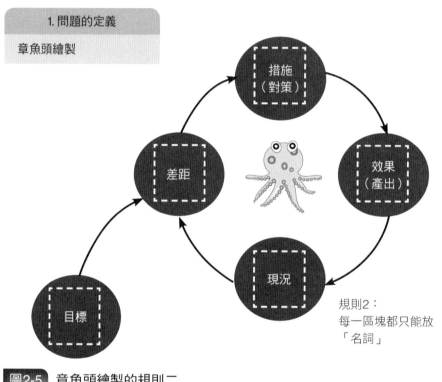

1. 問題的定義

章魚頭繪製

措施
（對策）

效果
（產出）

差距

現況

目標

規則2：
每一區塊都只能放
「名詞」

圖2-5 章魚頭繪製的規則二

3. 規則三：

「現況」必須是會隨時間而累積或減少的東西，如圖2-6。

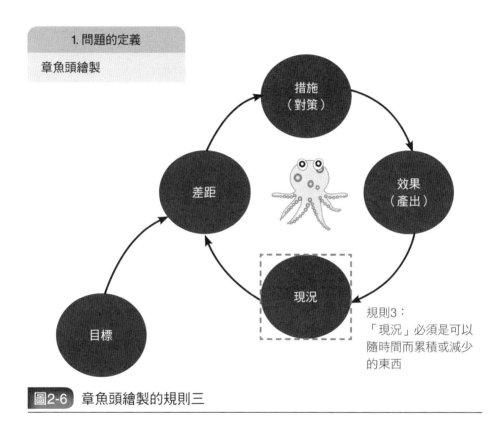

規則3：
「現況」必須是可以隨時間而累積或減少的東西

圖2-6 章魚頭繪製的規則三

4. 規則四：

　　「現況」與「目標」區塊中的名詞，必須可以用同一種單位來衡量，以利具體反映差距，如圖2-7。

　　以圖2-2體重過重而想減重為例，其章魚頭繪製如圖2-8所示。即「現況體重」為70公斤、「目標體重」為60公斤、「差距」為體重的差距、「對策」為運動量、「效果」為減重的幅度。當體重的差距越大，則需要的運動量越多；運動量越多，則減重的幅度越大；減重幅度越大，則現況體重就越輕，所以隨著時間遞延，現況體重會越來越趨近我們的目標體重。

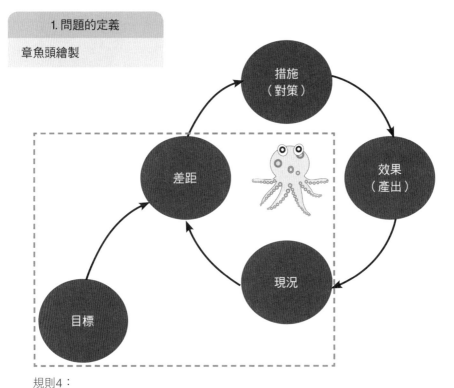

規則4：
「目標」必須能與現況用同一種單位加以衡量，以利具體反映差距

圖2-7　章魚頭繪製的規則四

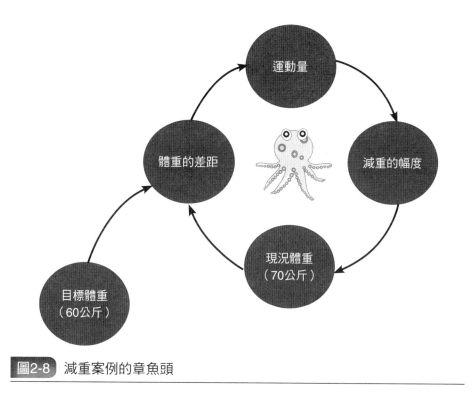

圖2-8　減重案例的章魚頭

（二）爪子覓食的繪製

　　當章魚頭繪製完成後，接著再由章魚頭上的組成名詞（如：目標、現況、差距、對策、產出）進行問題的發散思考（類比為章魚伸出爪子抓食物），例如：採取的策略是否有後遺症或反效果、後遺症或反效果會影響哪些利害關係者；差距沒變小會如何、差距沒變小會影響哪些利害關係者，如圖2-9所示。之後再進行收斂思考（類比為章魚爪子抓到食物後再將其捲回至章魚嘴中），例如：後遺症或反效果所影響的利害關係者會不會一段時間後再影響到我們的問題、差距沒變小所影響的利害關係者會不會一段時間後再影響到我們的問題，如圖2-10所示。

2.問題的發散思考

伸出八爪覓食

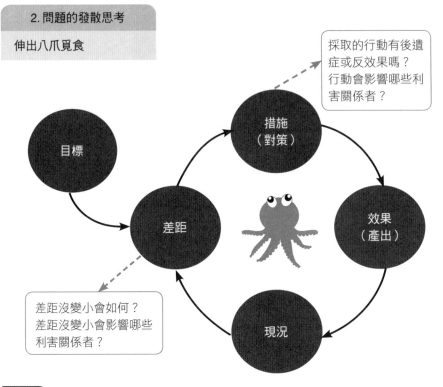

採取的行動有後遺症或反效果嗎？行動會影響哪些利害關係者？

差距沒變小會如何？差距沒變小會影響哪些利害關係者？

圖2-9　問題的發散思考——伸出八爪覓食

3. 問題的收斂思考

將食物捲回口中

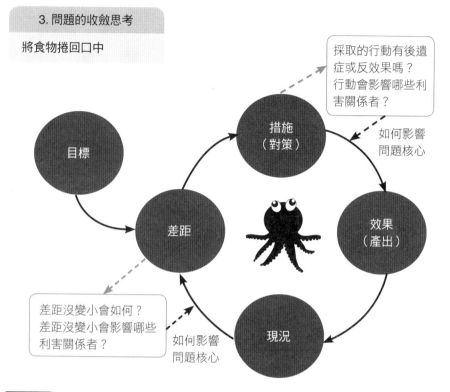

採取的行動有後遺症或反效果嗎？
行動會影響哪些利害關係者？

如何影響問題核心

差距沒變小會如何？
差距沒變小會影響哪些利害關係者？

如何影響問題核心

目標

差距

措施（對策）

效果（產出）

現況

圖2-10　問題的收斂思考──將食物捲回口中

　　上述減重案例，其爪子覓食繪製如圖2-11所示。圖2-11顯示爪子首先從對策（運動量）進行反效果或後遺症的發散思考，即運動量越大，則運動完的飢餓感越強；飢餓感越強，則立刻想吃食物填飽肚子的慾望也會越強；食慾越強，則可能產生食量越大，若在不適當的進食時間吃進肚子的食物過多，則可能造成增肥的反效果情形，這時爪子就收斂回到現況，亦即增肥的幅度越大，則現況體重反而越重。一旦我們看到減重的反效果，就可以思考如何擬定合適的減重配套措施，如運動完所吃的食物儘量以低熱量且容易飽脹為原則。

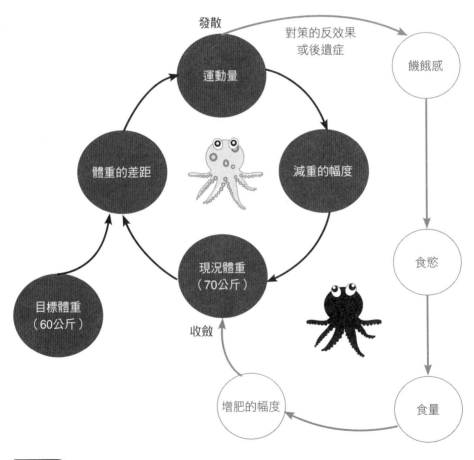

圖2-11 減重案例的爪子覓食

2-2　八爪章魚覓食術在中學行政對策分析之應用

　　中學的行政單位經常需要擬定對策，來解決許多中學管理與教學的問題，八爪章魚覓食術非常適合用在中學行政對策分析的工作，以避免對策產生「窮忙」的結果。以學科補教教學為例，學校為提升學生的學科成績，經常會擬定學科補救教學的對策，其章魚頭繪製如圖2-12所示。即「現況」為學生學科現有成績、「目標」為學生學科目標成績、「差距」為成績的差距、「對策」為學科補救教學的實施規模、「效果」為學生學科成績提升程度。當學生成績的差距越大，則學校學科補救教學的實施規模也越大；實施規模越大，則學生學科成績提升程度也就越高；成績提升程度越高，則現況學生成績就越好，所以隨著時間遞延，現況成績會越來越趨近學校制定的目標成績。

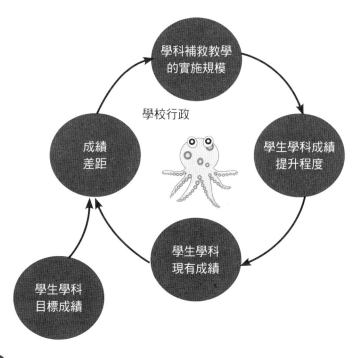

圖2-12　學科補救教學案例的章魚頭

雖然學校的補救教學對策立意良善，但是若沒有充分考慮到對策對利害關係人的影響就貿然實施，很有可能發生飲鴆止渴的惡性循環。上述學科補教教學案例，其爪子覓食繪製如圖2-13與圖2-14所示。

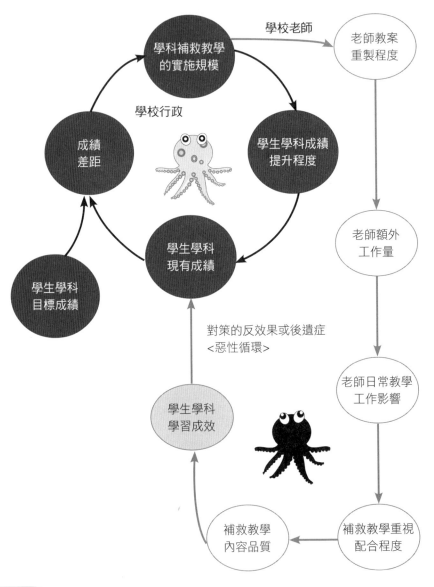

圖2-13　學科補救教學案例的爪子覓食（一）

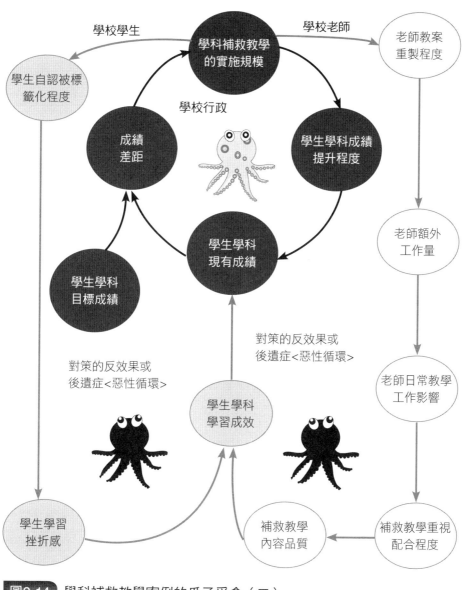

圖2-14 學科補救教學案例的爪子覓食（二）

　　圖2-13為分析對策（學科補救教學）對於學校老師這個利害關係人有何反效果或後遺症的影響，圖2-13中顯示當學校學科補救教學的實施規模越大，則老師需要針對補救教學重製教案的程度也就越大；重製教案的程度越大，則老師額外工作量就會越多；老師額外工作量越多，則對老師日常教學工作準備的影響也越大；老師日常教學工作準備的影響越大，則補教教學重視配合的程度就可能越差；補教教學重視配合的程度越差，則補救教學的內容品質也會越差；補救教學的內容品質越差，則學生學習成效也會越差；學生學習成效越差則學生現況成績反而越不佳。而圖2-14為分析對策（學科補救教學）對於學校學生這個利害關係人有何反效果或後遺症的影響，圖2-14中顯示當學校學科補救教學的實施規模越大，則學生認為被學校貼上成績不佳的標籤化程度就越高；被貼標籤的程度越大，則學生學習挫折感就越大；學習挫折感越大，則學生學習成效也會越差；學生學習成效越差，則學生現況成績反而越不佳。一旦我們看到補救教學對策對於利害關係人的反效果為何，就可以思考如何擬定合適的配套措施，提前避開飲鴆止渴的惡性循環。

2-3　八爪章魚覓食術在高中小論文之應用

　　問題解決的標準三大流程，即問題的定義、問題的分析、問題的策略研擬，可以依序對應到八爪章魚覓食術的章魚頭、爪子伸出收回、配套措施，如圖2-15所示。由於高中的小論文競賽其本質也是進行專題的問題解決研究，所以非常適合導入八爪章魚覓食術的步驟流程，如圖2-15所示。即章魚頭（問題的定義）可以用在小論文前言（研究動機、研究流程與研究目的）的初步發想，因為前言最重要的工作就是釐清小論文專題為何而做與如何去做；爪子伸出收回（問題的分析）可以用在小論文正文（研究方法與研究成果）的初步發想與實做方法，因為正文最重要的工作就是進行解題思維發散收斂的分析；配套措施（問題

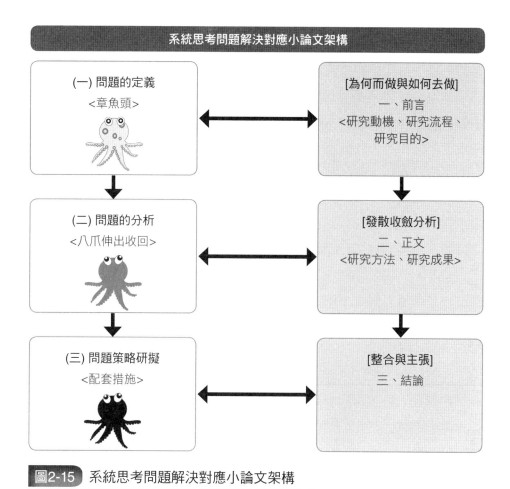

圖2-15 系統思考問題解決對應小論文架構

的策略研擬）可以用在小論文結論的初步發想，因為結論最重要的工作就是進行資訊整合並提出自己的主張。

　　舉例來說，若是進行無人駕駛車的小論文相關研究，八爪章魚覓食術導入步驟如下。

1. 章魚頭（問題的定義）

　　由於小論文比賽目的在引導同學善用圖書館與網路各項資源，希望同學能多蒐集各種類型的資料加以研讀與分析。有鑑於此，可以運用「無人駕駛車」搭配「目標」、「現況」、「差距」與採取的「措施（對策）」和其「效果（產出）」這五個組成章魚頭的名詞做為圖書館與網路搜尋資料的關鍵字，來有效釐清問題的定義。

　　假設這個案例整理出來的相關資料為：「現況」為駕駛人每年車禍發生機率的現況（10%）、「目標」為駕駛人每年車禍發生機率的目標（0%）、「差距」為車禍發生機率的差距、「對策」為無人駕駛車的自駕功能、「效果」為人為車禍風險的減低程度。當車禍發生機率的差距越大，則無人駕駛車的自駕功能也要越強；自駕功能越強，則人為車禍風險的減低程度也就越高。因為大多數車禍都是駕駛人不遵守交通規則、注意力不集中、酒後與疲勞駕駛等人為風險所造成，所以具有AI人工智慧的無人駕駛車就不會發生上述人為風險。人為風險降低程度越高，則駕駛人每年車禍發生機率的現況就越低，所以隨著時間遞延，現況會越來越趨近制定的目標，如圖2-16所示。

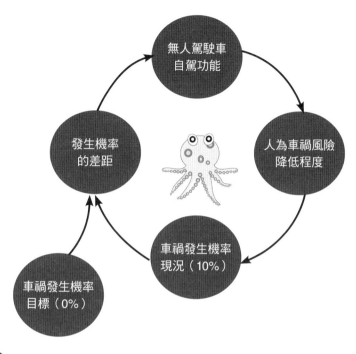

圖2-16　無人駕駛車案例的章魚頭

2. 問題的分析（爪子伸出收回）

　　無人駕駛車案例的爪子覓食繪製，如圖2-17所示。圖2-17為分析對策（無人駕駛車的自駕功能）對於駕駛人這個利害關係人有何反效果或後遺症的影響，其顯示當無人駕駛車的自駕功能越強，則駕駛人在車內專注駕駛的程度也就越低；專注駕駛的程度越低，則駕駛人於車內從事閱讀或娛樂的程度就會越高；從事閱讀或娛樂的程度越高時，一旦突然發生緊急事件（如無人駕駛車電腦當機或機械故障等），則駕駛人的應變能力也就越差；應變能力越差，則突發事件車禍風險的增加程度也就越高；突發事件風險增加程度越高，則駕駛人每年車禍發生機率的現況就越高。

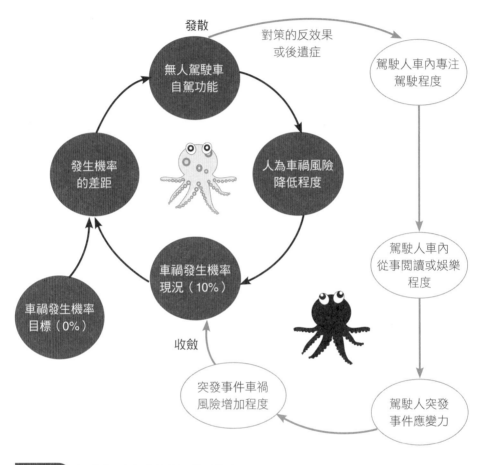

圖2-17 無人駕駛車案例的爪子覓食

3. 問題的策略研擬（配套措施）

　　一旦我們看到無人駕駛車自駕功能的對策對於利害關係人的反效果為何，就可以思考如何擬定合適的配套措施，提前避開飲鴆止渴的惡性循環。

第 3 章

輕鬆搞定：閱讀素養系統思考的教與學

楊朝仲、管新芝

12年國教新課綱與世界同步，勾勒的願景是「成就每一個孩子──適性揚才、終身學習」，結合「自發、互動、共好」的核心理念，並延伸出「自主行動」、「溝通互動」、「社會參與」等三面九項的核心素養，如下圖所示。也就是一個人為適應現在生活及未來挑戰，所應具備的知識、能力與態度。

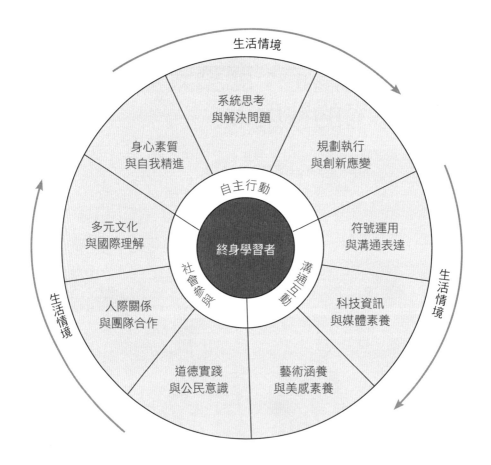

中正大學蔡清田教授稱「素養」為「十二年國教課程改革的DNA」，而這確實成為課綱裡揭櫫的共同目標，所有教學活動最終目的都是培養學生的「素養」。

　　所謂「素養」，就是「知識＋技能＋態度」：

知識	理論	你學到了什麼？	外顯特質
技能	實作	你覺得這東西可以怎麼用？	
態度	對前兩者的價值判斷和個人感受	你對這東西有什麼感覺？	內隱特質

　　這一個「素養」導向的教學，其中以「態度」最為重要，只要學習者對某些知識「有感」，自然而然能發揮更好的學習效率。

　　作家朱宥勳（聯合新聞網，十二年國教課綱你搞懂了嗎？關於「素養」的三個關鍵字，https://opinion.udn.com/opinion/story/7344/3191840）在聯合新聞網的文章提到：「如果你仍用『單科科目』的視角去看課綱，就會覺得『三大面向、九大項目』非常虛無飄渺；但你如果用『出社會』邏輯去看，就會一目瞭然。比如九大項目中的『系統思考與解決問題』這一項，是所有社會人士都會同意的重要素養。但這不是說各科專業不再重要了，而是各科目此刻的角色改變了。不管你是哪一科，用什麼教材教法，你都可以教會學生『系統思考與解決問題』。國文科遇到一篇看不懂的文章，數學遇到一題解不出的應用題，英文遇到了沒見過的俚語，歷史拿到了一份不知真偽的文獻……我們可以一起開始『系統思考與解決問題』。」

　　另一方面，閱讀素養是108新課綱學生學習的重心之一。品學堂創辦人黃國珍曾說：「閱讀是一種看得到的行為，但不代表真正閱讀的內涵。」以前把書拿起來看，就是閱讀；現在談閱讀是閱讀的歷程，在孩子把書拿起來和放下來的過程中，他的頭腦到底發生了什麼事？有沒有發生理解或學習而形成認知的改變？

　　以國文教學而言：過去重視國學知識、背誦篇章、字音字形、字詞解釋、優美修辭……當然這一些仍然重要，因為這是閱讀的鑰匙，基礎能力不足便無法在閱讀時正確理解。但現今我們必須更重視跨領域閱

讀，多元的閱讀是當今教學者要面對的重要課題。

　　我們活在一個說明書的世界（大考中心主任劉孟奇新課綱命題演講──筆記與反思，https://blog.xuite.net/tp6g4/bee/576366506），若無閱讀素養，則終身學習將淪為空談。未來新課綱的核心素養教學將加重閱讀理解與信息篩選的處理能力，這將有利學生快速有效掌握更多大數據的資訊，提升問題解決能力。

　　然而閱讀素養並非每天多讀幾本書就能有效培養的，因為閱讀素養除了閱讀的「量」之外，更重視閱讀的「質」，也就是前一段提及的閱讀理解與信息篩選的處理能力。讀完了一本書或一篇文章，你從中理解了什麼、篩選出什麼對你有效的信息、整合了哪些必要資訊形成有用的邏輯、淬鍊或啟發出什麼新的心得或感想，這些才是閱讀的真正獲得。

3-1　系統思考閱讀筆記術

　　如何事半功倍同時培養閱讀素養與問題解決能力？我們設計了系統思考閱讀筆記術，這個方法操作有以下五個具體的步驟：

1. 挑選適合問題解決分析的議題與文章報導。
2. 萃取文章裡跟章魚頭問題定義有關的關鍵字並繪製相應的章魚頭圖形。
3. 分析文章裡跟「對策」的後遺症或反效果與其影響的利害關係人為何相關的字句，並繪製相應的章魚爪子伸出與捲回圖形。
4. 萃取文章裡跟因應後遺症或反效果的配套措施相關的文句。
5. 將上述整合成一個完整的系統思考問題解決圖形。

　　接著，我們用一個台積電中科擴廠環評問題解決的實際案例，來展現系統思考閱讀筆記術。

步驟一　挑選適合問題解決分析的議題與文章報導

我們可以從兩個面向來挑選適合問題解決的議題：

面向一：這個議題有沒有具體的問題？這個問題有沒有具體的對
　　　　策？

面向二：這個對策有沒有顯而易見的後遺症？

例如：環境影響評估（簡稱環評）這個議題，它的問題可能是企業要解決它的營運規模受限導致獲利無法持續增加，而它的具體對策通常就是擴廠，但擴廠就有可能帶來顯而易見的環境破壞此一影響生態的嚴重後遺症。確認合適議題後，就可以尋找與問題、對策、後遺症、配套解決方案相關的文章報導，如下列兩篇與台積電中科擴廠環評有關的報導所示。

《文章報導一》

張忠謀鬆口氣　中科五期環評有條件過關

2015年02月06日　壹周刊（撰文：曹以斌）

台積電董事長張忠謀先前擔心中科五期環評沒過，18吋廠必須轉遷南科，延誤建廠時程事關台積電18吋廠能否落腳的中科五期開發案，今天上午環保署環評大會四度闖關，正反雙方激烈攻防，環保團體指出，開發地點有保育動物石虎出沒，反對開發案，但環評大會在中午決議做出有條件通過中科五期開發案。環保署環評大會決議，為化解民眾對中科五期污染疑慮，把中科一、二期健康風險評估也納入中科五期評估。就在環評結果出爐前，台積電特別發表聲明，表示未來持續投資中部科學園區5,000億元以上。台積電強調，如晶圓十五廠擴廠計劃如期順利展開，可再創造5,000個優質、且是高產值的工作機會。台積電表示，將在「中科

大肚山擴建案」環評通過的前提下，以更完整的基地規劃，建造最先進、最環保的綠色廠房，創造工業成長與環境的共生共榮。台積電表示，在中科的員工人數超過3,400位；台積電中科去年創下超過新台幣2,000億元的總產值，約佔全公司營收的28%，是台積電先進製程不可或缺的量產據點。其中3,500個為主管及工程師職務及1,500位技術人員，相信能為臺灣的半導體產業培育更多的優秀人才。同時，這些新增的工作機會，預計額外創造超過新臺幣10億元的稅收，加上台積電員工歷年生育率是全臺灣平均的二倍，相信將對大臺中地區的經濟、教育、稅收的整體發展有所貢獻。台積電還強調，位於中科的晶圓十五廠不但是一個帶來高附加價值的超大型晶圓廠，同時也是最具永續成效的綠色工廠，無論是既有或未來的新建廠房，皆藉由高效能設備進行水回收與水中污染物處理，維持製程水回收率高於85%。另外，該廠也設置現場尾氣處理設備（Local scrubber），並搭配中央廢氣洗滌塔與揮發性有機廢氣沸石轉輪等設備，針對廠房廢氣進行分類與多段式處理，將其對環境的影響降至最低。

《文章報導二》

環團抗爭　台積電中科展開復育計劃

2015年05月21日　蘋果日報（蕭文康／臺北報導）

　　由於台積電中科5期（大肚山）擴廠計劃，因環保團體抗議園區內53公頃森林恐遭破壞而決定於24日擴大抗爭力道，外界關注是否將影響台積電興建18吋廠規劃，對此台積電指出，將就近優先在

臺中科園區第1、2期異地種植並將移植與補植約5,400棵成樹，並計劃將1萬500棵樹苗提供予學校與社區認養等。環保團體認為開發中科5期需砍掉53公頃森林面積，對大肚山開腸剖肚，還進駐不少大型機具開挖，而臺中市政府及台積電要砍1棵種1棵或砍1棵種2棵，但這不是公園不是造景，森林具有其生態功能，而開發面積就有15萬棵成樹，加上小樹及樹苗就有百萬棵，絕不是臺中市政府宣稱的5,000棵，因此將在24日在市府前發起「524搶救大肚山森林、反中科擴廠大遊行」抗爭活動。因環團提高抗爭力道並到臺中高等行政法院請求撤銷中科擴建環評，業界評估對於台積電在中科5期計劃6月動土恐有影響，臺中市政府今強調，10公分以下的樹木約1萬3千多棵，10公分以上樹木則約有5千餘棵樹，與外傳15萬棵樹，有明顯落差，市府已要求中科管理局，必須「不漏一棵樹、全面移補植」。對此，台積電企業訊息處處長孫又文指出，中科擴廠合法通過，應會按原來的計劃進行。而針對中科擴廠基地的植物復育問題上，台積電將在臺中市大肚山區晶圓15廠擴廠區域內的樹木，依樹種屬性、樹木直徑，以移植或補植的方式，就近優先在臺中科園區第1、2期異地種植。另有部分樹木原地保留，並在擴廠區域內增加植樹木，使得擴廠區域的植物固碳量較擴廠前提高10%，增加整體減碳效益，護存都市之肺，追求綠色永續；同時，也針對日前傳聞台積電因晶圓15廠擴廠，將砍伐15萬棵樹的錯誤資訊提出澄清。

步驟二　萃取文章裡跟章魚頭問題定義有關的關鍵字，並繪製相應的章魚頭圖形

　　由於問題定義的「目標」、「現況」、「差距」與採取的「措施（對策）」和其「效果（產出）」五個名詞即為章魚頭的核心結構，

因此我們先在這兩篇文章裡找出與這五個名詞相關的資訊，其中「現況」與「目標」區塊中的名詞，最好能以單位來衡量，以利具體反映差距。相關名詞資訊整理如下，台積電中科擴廠問題的章魚頭，如圖3-1所示。

「現況」約3,500位「台積電表示，在中科的員工人數超過3,400位」（文章報導一）。

「目標」約8,500位「台積電指出，如果晶圓十五廠的擴廠計劃能如期順利展開，預計可再創造5,000個優質、且是高產值的工作機會」（文章報導一）。

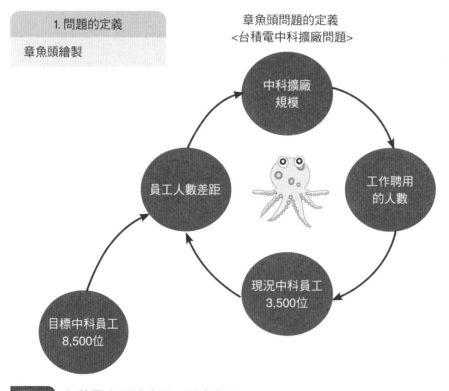

1. 問題的定義

章魚頭繪製

章魚頭問題的定義
<台積電中科擴廠問題>

中科擴廠
規模

工作聘用
的人數

現況中科員工
3,500位

目標中科員工
8,500位

員工人數差距

圖3-1　台積電中科擴廠問題的章魚頭

「對策」為中科擴廠規模「台積電中科5期（大肚山）擴廠計劃」
（文章報導二）。

步驟三 分析文章裡跟「對策」的後遺症或反效果，與其影響的利害關係人為何相關的字句，並繪製相應的章魚爪子伸出與捲回圖形

當章魚頭繪製完成後，接著再由章魚頭上的「對策」進行問題的發散思考（類比為章魚伸出爪子抓食物），即是採取的對策是否有其後遺症或反效果，及後遺症或反效果會影響哪些利害關係人。從文章報導一與文章報導二可以發現會影響兩類利害關係人，一類是環保團體，另一類是當地民眾。之後再進行收斂思考（類比為章魚爪子抓到食物後再將其捲回至章魚嘴中），即是後遺症或反效果所影響的利害關係人會如何影響到我們的章魚頭。

我們先來探討環保團體對於章魚頭的影響，由這兩篇文章萃取與環保團體相關的資訊，如下所示。

今天上午環保署環評大會四度闖關，正反雙方激烈攻防，環保團體指出，開發地點有保育動物石虎出沒，反對開發案。（文章報導一）

由於台積電中科5期（大肚山）擴廠計劃，因環保團體抗議園區內53公頃森林恐遭破壞而決定於24日擴大抗爭力道。（文章報導二）

從上述資訊進行因果關係的邏輯推論，可以分析出中科擴廠規模越大，則可能破壞的森林面積越大；森林破壞的規模越大，則保育動植物（如：石虎）的數量就會變得越少；保育動植物的數量變得越少，則環保團體反對擴廠程度就越大；環保團體反對程度越大，則環評通過的難度就越高；環評通過難度越高，則中科擴廠的規模就有可能越小，利害

關係人環保團體的章魚爪子伸出捲回，如圖3-2所示。

接著我們探討當地民眾對於章魚頭的影響，由這兩篇文章萃取與當地民眾相關的資訊，如下所示。

環保署環評大會決議，為化解民眾對中科五期污染疑慮，把中科一、二期健康風險評估也納入中科五期評估。（文章報導一）

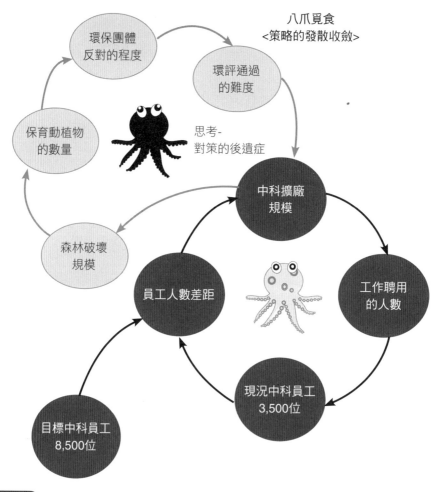

圖3-2 利害關係人環保團體的章魚爪子伸出捲回

　　從上述資訊進行因果關係的邏輯推論，可以分析出中科擴廠規模越大，則可能廢氣與污水的產生數量越多；廢氣與汙水的產生數量越多，則當地民眾健康受影響的程度就越大；當地民眾健康受影響的程度越大，則民眾反對擴廠的程度越大，民眾反對擴廠的程度越大；則環評通過的難度就越高；環評通過難度越高，則中科擴廠的規模就有可能越小，加入利害關係人當地民眾的章魚爪子伸出捲回，如圖3-3所示。

步驟四　萃取文章裡跟因應後遺症或反效果的配套措施相關的文句

　　由步驟三瞭解了利害關係人的因果關係影響，接著我們從這兩篇文章報導萃取因應後遺症或反效果的配套措施相關資訊。

　　因應環保團體的配套措施：

　　　　台積電指出，將就近優先在臺中科園區第1、2期異地種植並將移植與補植約5,400棵成樹，並計劃將1萬500棵樹苗提供予學校與社區認養等。（文章報導二）

　　因應當地民眾的配套措施：

　　　　藉由高效能設備進行水回收與水中污染物處理，維持製程水回收率高於85%。另外，該廠也設置現場尾氣處理設備（Local scrubber），並搭配中央廢氣洗滌塔與揮發性有機廢氣沸石轉輪等設備，針對廠房廢氣進行分類與多段式處理，將其對環境的影響降至最低。（文章報導一）

步驟五　將上述整合成一個完整的系統思考問題解決圖形

　　我們依照問題解決的三大流程，即問題的定義、問題的分析、問題的策略研擬來進行步驟一到四的整理，如圖3-4所示。

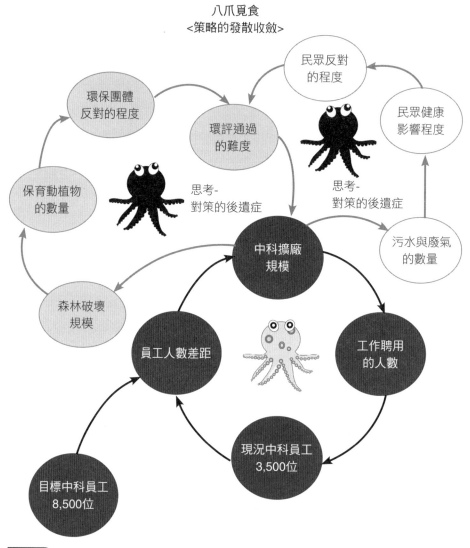

圖3-3　加入利害關係人當地民眾的章魚爪子伸出捲回

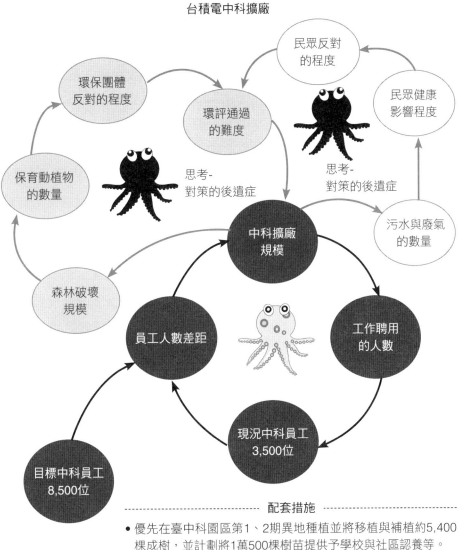

台積電中科擴廠

配套措施
- 優先在臺中科園區第1、2期異地種植並將移植與補植約5,400棵成樹，並計劃將1萬500棵樹苗提供予學校與社區認養等。
- 藉由高效能設備進行水回收與水中污染物處理，維持製程水回收率高於85%。
- 設置現場尾氣處理設備，並搭配中央廢氣洗滌塔與揮發性有機廢氣沸石轉輪等設備，針對廠房廢氣進行分類與多段式處理，將其對環境的影響降至最低。

圖3-4 台積電中科擴廠系統思考問題解決

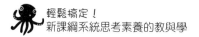
學生課堂分組演練設計

　　在課堂上利用兩小時的時間讓學生分組演練（建議4-5位一組）此案例時，可以先發給學生這兩篇相關報導文章，請學生先花5分鐘把文章快速瀏覽完成，以利初步掌握問題全貌概念。接著，老師利用10分鐘介紹八爪章魚覓食術與系統思考閱讀筆記術，再來請學生參照這兩篇報導文章資訊，並依序運用三個步驟來進行80分鐘的分組討論。步驟一為繪製章魚頭，如圖3-5所示，建議演練時間為20分鐘。步驟二討論「對策」會影響哪兩類利害關係人與產生的對策後遺症或反效果為何，並繪製爪子從章魚頭的「對策」伸出與捲回至章魚頭的哪個名詞，如圖3-6所示，建議演練時間為40分鐘。步驟三讓學生從這兩篇文章報導萃取因應後遺症或反效果的配套措施相關資訊，如圖3-7所示，並要求學生把這三個步驟的資訊整合如圖3-4的形式繪製在壁報紙上，建議演練時間為20分鐘。最後，利用剩餘的25分鐘讓學生上臺分享壁報紙的繪製成果。

步驟一：繪製核心議題（章魚頭）

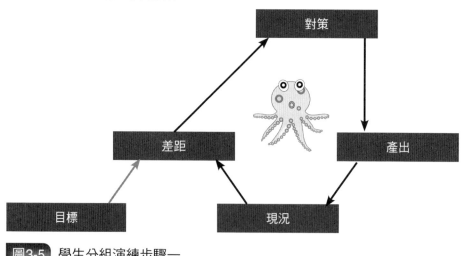

圖3-5　學生分組演練步驟一

步驟二：策略的後續影響？兩個後遺症或反效果

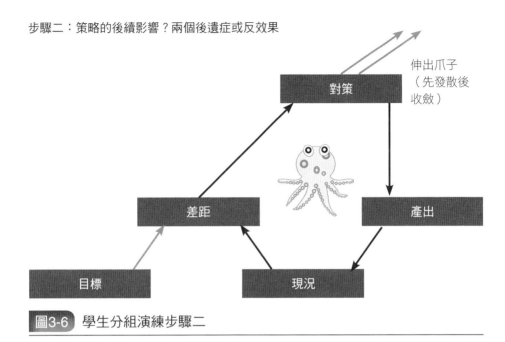

圖3-6　學生分組演練步驟二

步驟三：配套對策研擬

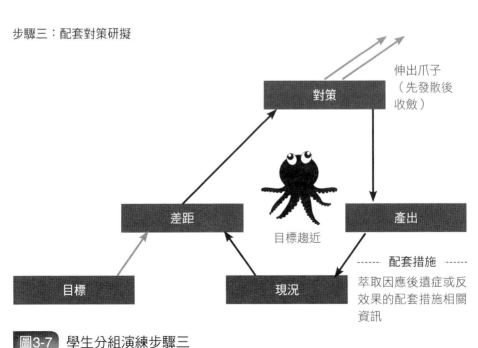

圖3-7　學生分組演練步驟三

3-2　系統思考閱讀筆記術在學科的應用——以國文科蘇東坡教戰守策為例

黃國珍老師說：「閱讀不只是閱讀文字，而是處理訊息。文字代表訊息，學習要能解讀文字、圖表、數據，變成一個跨領域的重要核心。」

大考中心劉孟奇主任：將學習與「生活情境」結合，強調學習在生活中能夠實踐的特質。

在今天的生活中文本閱讀、非文本表格、圖表、圖畫、影片等多元的資訊，正時時刻刻發生在我們的生活情境之中，如何「擷取資訊」（有效的、正確的）、「統整解釋」（理解的、整合的）、「省思評鑑」（實踐的、創造的），如何透過系統的思考，可以有效地培養閱讀素養的「知識、技能、態度」。

不論「生涯發展教育」、「品德教育」、「性別平等教育」、「環境教育」、「人權教育」、「法治教育」等教育的重大議題，都可以透過系統思考的方式，更有效地融入課程。以國文科列舉國、高中常見適用的教材為例說明：

國中教材	高中教材
★論語選 ★孟子選 ★古文篇目（晏子使楚、習慣說、寄弟墨書） ★白話文篇目（李黎・孩子的鐘塔、侯文詠・蝙子文化、瓦歷斯諾幹・來到部落的文明） ★小說篇目（莫泊桑・項鍊、曹丕・定伯賣鬼）	★諸子百家（儒家、道家、法家、墨家、兵家、農家等） ★古文篇目（燭之武退秦師、諫逐客書、馮諼客孟嘗君、過秦論、鴻門宴、師說、虯髯客傳、原君、勞山道士、指喻、教戰守策、諫太宗十思疏、漁父等） ★小說篇目（范進中舉、孔乙己、一桿稱子） ★白話文篇目（髻－性別平等教育、大山大河大海－環境教育、黑與白虎鯨－海洋教育、生涯發展教育等）

　　略舉一些篇章，諸子等哲學家都是面對當時社會的巨大變化，提出個人主張，試看今天的世局，變化更小嗎？不論古文、白話文、小說所述正是我們日常生活的情境，共同的生命課題，除了知識的傳授，能否多一些理解、思考？

　　我們以上表中國文科高中教材蘇東坡的〈教戰守策〉為示範，介紹系統思考閱讀筆記術如何有效應用在國文科。

　　蘇東坡〈教戰守策〉的全文與翻譯如下所示。

蘇東坡〈教戰守策〉

　　夫當今生民之患，果安在哉？在於知安而不知危，能逸而不能勞。此其患不見於今，而將見於他日。今不為之計，其後將有所不可救者。

　　昔者先王知兵之不可去也，是故天下雖平，不敢忘戰。秋冬之際，致民田獵以講武，教之以進退坐作之方，使其耳目習於鐘鼓旌旗之間而不亂，使其心志安於斬刈殺伐之際而不懾。是以雖有盜賊之變，而民不至於驚潰。

　　及至後世，用迂儒之議，以去兵為王者之盛節。天下既定，則卷甲而藏之。數十年之後，甲兵頓敝，而人民日以安於佚樂；卒有盜賊之警，則相與恐懼訛言，不戰而走。開元、天寶之際，天下豈不大治？惟其民安於太平之樂，酣豢於遊戲酒食之間；其剛心勇氣，銷耗鈍眊，痿蹶而不復振。是以區區之祿山一出而乘之，四方之民，獸奔鳥竄，乞為囚虜之不暇，天下分裂，而唐室因以微矣。

　　蓋嘗試論之：天下之勢，譬如一身。王公貴人所以養其身者，豈不至哉？而其平居常苦於多疾。至於農夫小民，終歲勤苦，而未嘗告病，此其故何也？夫風雨霜露寒暑之變，此疾之所由生也。農夫小民，盛夏力作，窮冬暴露，其筋骸之所衝犯，肌膚之所浸漬，輕霜露而狃風雨，是故寒暑不能為之毒。今王公貴人，處於重屋之下，出則乘輿，風則襲裘，雨則御蓋。凡所以慮患之具，莫不備至。畏之太甚，而養之太過，

小不如意，則寒暑入之矣。是故善養身者，使之逸而能勞；步趨動作，使其四體狃於寒暑之變；然後可以剛健強力，涉險而不傷。

夫民亦然。今者治平之日久，天下之人，驕惰脆弱，如婦人孺子，不出於閨門。論戰鬥之事，則縮頸而股慄；聞盜賊之名，則掩耳而不願聽。而士大夫亦未嘗言兵，以為生事擾民，漸不可長。此不亦畏之太甚，而養之太過歟？

且夫天下固有意外之患也。愚者見四方之無事，則以為變故無自而有，此亦不然矣。今國家所以奉西北二虜者，歲以百萬計。奉之者有限，而求之者無厭，此其勢必至於戰。戰者必然之勢也。不先於我，則先於彼；不出於西，則出於北。所不可知者，有遲速遠近，而要以不能免也。

天下苟不免於用兵，而用之不以漸，使民於安樂無事之中，一旦出身而蹈死地，則其為患必有所不測。故曰：天下之民，知安而不知危，能逸而不能勞，此臣所謂大患也。臣欲使士大夫尊尚武勇，講習兵法；庶人之在官者，教以行陣之節；役民之司盜者，授以擊刺之術；每歲終則聚於郡府；如古都試之法，有勝負賞罰，而行之既久，則又以軍法從事。然議者必以為無故而動民，又悚以軍法，則民將不安，而臣以為此所以安民也。天下果未能去兵，則其一旦將以不教之民而驅之戰。夫無故而動民，雖有小怨，然熟與夫一旦之危哉？

今天下屯聚之兵，驕豪而多怨，陵壓百姓，而邀其上者，何故？此其心，以為天下之知戰者，惟我而已。如使平民皆習於兵，彼知有所敵，則固以破其奸謀，而折其驕氣。利害之際，豈不亦甚明歟？

【翻譯】（參考來源：PChome個人新聞臺，查詢關鍵字：蘇軾、教戰守策）

當今百姓的憂患，究竟是在哪裡呢？在於知道過平安的日子卻不知道怎麼過危險的日子，能夠享受安逸的生活卻不能夠面對勞苦的生活。

這個憂患不在目前出現，就會在未來出現。現在不好好打算，以後將到達不可挽救的地步。

　　從前先王知道軍備不可以拋棄，所以雖然天下太平，仍然不敢疏忽戰備。在秋冬農間的時候，先王會召集百姓打獵，來練習戰技，教百姓前進、後退、蹲下、起立各種方法，讓他們耳朵聽懂鐘鼓的聲音，眼睛看懂旌旗指揮，不致於慌亂，讓他們在砍砍殺殺之間而不害怕。所以即使有盜賊的變亂，百姓也不會驚恐潰散。

　　到了後代，採用不切實際、迂腐讀書人的建議，認為解除兵備是君主的大德美節。天下平定以後，就把兵器鎧甲統統收藏起來。數十年後，鎧甲破損、兵器鈍鏽，百姓一天天安於享樂；突然有盜賊的警報發生，就害怕了起來，紛紛散播謠言，還沒作戰就先逃跑了。唐玄宗開元、天寶年間，天下難道不是非常太平嗎？只是當時的百姓安於太平享樂的日子，在遊戲酒食間縱情狂歡，他們剛強的精神、勇敢的氣魄，消耗、枯竭光了，萎靡而再也無法振作。所以小小的安祿山利用時機出來造反，各地方的百姓就像走獸亂奔、飛鳥亂竄一樣，乞求當俘虜都還來不及；天下四分五裂，唐王朝也因此而衰微。

　　我曾試著評論過，天下大勢就像人的身體一樣。王公貴人用來保養自己身體的方法，難道不夠周到嗎？然而他們平時卻經常苦於多病。至於一般的農夫百姓，終年都辛勞勤苦卻不曾生過病，這是什麼原因呢？颱風下雨、降霜染露、冷熱的變化，正是疾病發生的原因。農夫百姓在炎熱的夏天努力工作，在酷寒的冬天暴露野外，他們的筋骨受到磨練，肌膚被淋溼，他們忽視霜露、習慣風雨，所以冷熱不能傷害他們。如今王公貴人住在華美樓宇裡，出門就坐車搭轎，颱風就穿起皮裘，下雨就撐著雨傘，舉凡用來防範災患的器具，沒有不完備周全的。然而過份害怕又過度保養，稍有不如意，冷熱就入侵身體了。所以善於保養身體的人，會讓自己能夠安逸，也能夠勞動，讓自己的手腳四肢習慣於冷熱的變化，然後身體才可以剛健強壯有力量，遇到危險也不會受到傷害。老

百姓也是這個樣子啊！

現在天下太平的日子過得久了，天下的人，驕傲、懶惰又脆弱，好像婦人小孩一樣，沒踏出過閨門。談論到戰鬥的事情，就縮著脖子兩腿發抖；聽到盜賊的名字，就搗起耳朵不想聽。士大夫也不曾談論到軍事，認為那是無端惹事，騷擾老百姓，不可以讓它滋生、蔓延、擴散。這不也是過分害怕又過度保養嗎？

況且天下本來就會有意外的災患。愚昧的人看到各地沒有事故發生，就認為變故無從產生，這是不對的。現在國家供奉西夏、北遼的財物，每年是以百萬來計算。供奉國的財力有限，可是索求國卻沒有滿足的時候，這樣情勢必定會走到戰爭。戰爭是必然的趨勢，不是我國先發動，就是敵國先發動；不是西邊先發生，就是北邊先發生。唯一沒辦法預知的只有快慢遠近的差別，但總之是沒法避免的。

天下如果免不了要用兵，而用兵又不循序漸進訓練，讓百姓在安樂無事之中，突然就要他們冒著生命危險和敵人作戰，那樣的災患必定難以預測！所以說，天下的老百姓是「知道過平安的日子，卻不知道怎麼過危險的日子；能夠享受安逸的生活，卻不能面對勞苦的生活」，這就是我所說百姓的大災患！我主張讓士大夫都注重武勇，講習兵法；那些在官府服務的百姓，教他們部隊行列陣式的法度；那些為官府服勤防盜的百姓，教導他們刺擊的技術。每年年終的時候，將他們聚集到郡府來，舉行像古代都試的考校辦法一樣，有勝負、有賞罰，這法子實行久了，再依照軍法來辦理。然而那些批評者必定會認為這是無故擾民、騷動百姓的做法，又用軍法來驚嚇百姓，那麼百姓將會大大不安；可是我卻認為這麼做才是真正地在安定老百姓！天下如果不能夠完全拋棄軍備，那麼一旦有事，我們就一定要把沒受過訓練的老百姓強逼著去打仗，傷亡真是難以想像哪！平常似乎是無緣無故在騷動百姓，雖然會有小小的恐慌，但是比起突發的危難，哪個好呢？

現在天下駐紮的士兵，驕傲蠻橫又充滿怨言，任意欺壓百姓而威脅

長官，為什麼呢？是因為他們內心認為全天下知道作戰的人，只有自己罷了。假如平民百姓都來學習征戰行陣的軍事，那些駐紮的士兵就會知道自己有了敵手，這麼一來就可以破除他們的邪心，折折他們的驕氣。二者間的利害情形，難道不是非常清楚嗎？

　　從上述文章我們挑選出兩個適合問題解決的議題，來進行八爪章魚覓食術的分析：

　　議題一：重文輕武（去兵）

　　議題二：教戰方式

議題一　重文輕武（去兵）的章魚頭分析

　　由於問題定義的「目標」、「現況」、「差距」與採取的「措施（對策）」和其「效果（產出）」五個名詞即為章魚頭的核心結構，因此我們在這文章裡找出與這五個名詞相關的資訊。相關資訊整理如下，重文輕武（去兵）的章魚頭，如圖3-8所示。

　　及至後世，用迂儒之議，以去兵為王者之盛節。

　　翻譯：到了後代，採用不切實際、迂腐讀書人的建議，認為解除兵備是君主的大德美節。

　　「現況」為君王現況聲譽（美德）。

　　「目標」為君王目標聲譽（美德）。

　　「差距」為聲譽（美德）的差距。

　　「對策」為重文輕武（去兵）。

　　「效果」為聲譽（美德）的增加量。

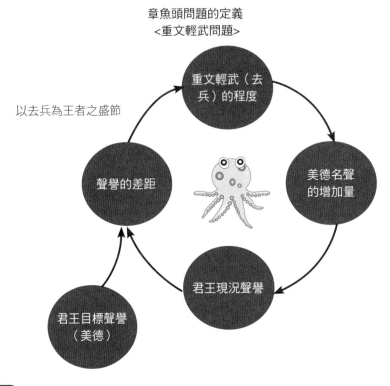

章魚頭問題的定義
<重文輕武問題>

圖3-8 重文輕武（去兵）的章魚頭

議題一　重文輕武（去兵）的章魚爪子伸出與捲回圖形

當章魚頭繪製完成後，接著再由章魚頭上的「對策」進行問題的發散思考（類比為章魚伸出爪子抓食物），即是採取的重文輕武（去兵）對策是否有其後遺症或反效果，之後再進行收斂思考（類比為章魚爪子抓到食物後再將其捲回至章魚嘴中），即是後遺症或反效果會如何影響到我們的章魚頭，萃取的相關資訊如下。

天下既定，則卷甲而藏之。數十年之後，甲兵頓敝，而人民日以安於佚樂；

　　翻譯：天下平定以後，就把兵器鎧甲統統收藏起來。數十年後，鎧甲破損、兵器鈍鏽，百姓一天天安於享樂。

　　開元、天寶之際，天下豈不大治？惟其民安於太平之樂，酣豢於遊戲酒食之間；其剛心勇氣，銷耗鈍眊，痿蹶而不復振。是以區區之祿山一呼而乘之，四方之民，獸奔鳥竄，乞為囚虜之不暇，天下分裂，而唐室因以微矣。

　　翻譯：唐玄宗開元、天寶年間，天下難道不是非常太平嗎？只是當時的百姓安於太平享樂的日子，在遊戲酒食間縱情狂歡，他們剛強的精神、勇敢的氣魄，消耗、枯竭光了，萎靡而再也無法振作。所以小小的安祿山利用時機出來造反，各地方的百姓就像走獸亂奔、飛鳥亂竄一樣，乞求當俘虜都還來不及；天下四分五裂，唐王朝也因此而衰微。

　　從上述資訊進行因果關係的邏輯推論，可以分析出重文輕武的程度越高，則兵器收藏的數量越多；兵器收藏的數量越多，則經過一段時間之後的鎧甲破損與兵器鈍鏽的程度就越多；鎧甲兵器損害的程度越多，則兵器禦敵的能力就越差；兵器禦敵的能力越差，則人民受災的程度就越大；人民受災的程度越大，則君王現況聲譽（美德）就會變得越低，這段描述的章魚爪子伸出捲回，如圖3-9所示。另一方面，重文輕武的程度越高，則人民安逸作樂的程度越高；人民安逸作樂的程度越高，則人民禦敵士氣低迷的程度就越高；人民禦敵士氣越低迷，則人民受災的程度就越大；人民受災的程度越大，則君王現況聲譽（美德）就會變得越低，這段描述的章魚爪子伸出捲回，如圖3-10所示。

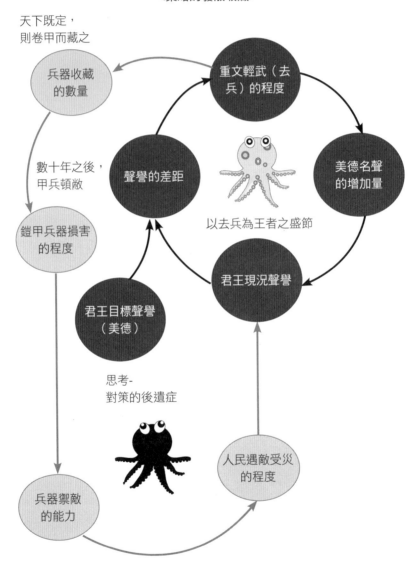

圖3-9 重文輕武（去兵）的章魚爪子第一根伸出捲回

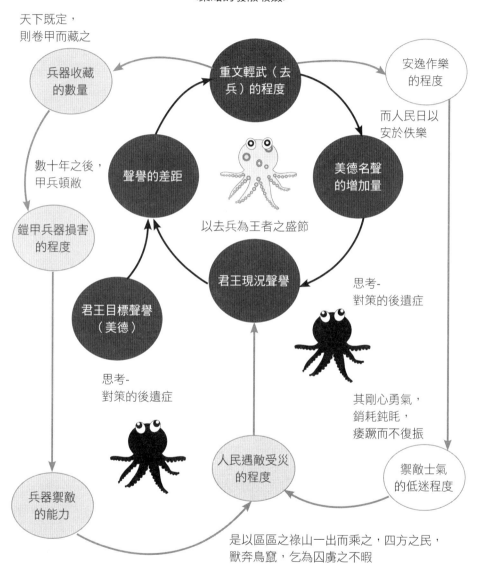

八爪覓食
<策略的發散收斂>

天下既定，
則卷甲而藏之

兵器收藏
的數量

重文輕武（去
兵）的程度

安逸作樂
的程度

而人民日以
安於佚樂

數十年之後，
甲兵頓敝

聲譽的差距

美德名聲
的增加量

鎧甲兵器損害
的程度

以去兵為王者之盛節

君王現況聲譽

思考-
對策的後遺症

君王目標聲譽
（美德）

其剛心勇氣，
銷耗鈍眊，
痿蹶而不復振

思考-
對策的後遺症

人民遇敵受災
的程度

禦敵士氣
的低迷程度

兵器禦敵
的能力

是以區區之祿山一出而乘之，四方之民，
獸奔鳥竄，乞為囚虜之不暇

圖3-10　圖3-10重文輕武（去兵）的章魚爪子第二根伸出捲回

議題二　教戰方式的章魚頭分析

　　由於問題定義的「目標」、「現況」、「差距」與採取的「措施（對策）」和其「效果（產出）」五個名詞即為章魚頭的核心結構，因此我們在這文章裡找出與這五個名詞相關的資訊。相關資訊整理如下，教戰方式的章魚頭，如圖3-11所示。

　　今天下屯聚之兵，驕豪而多怨，陵壓百姓，而邈其上者，何故？此其心，以為天下之知戰者，惟我而已。

　　翻譯：現在天下駐紮的士兵，驕傲蠻橫又充滿怨言，任意欺壓百姓而威脅長官，為什麼呢？這是因為他們內心認為全天下知道作戰的人，只有自己罷了。

　　如使平民皆習於兵，彼知有所敵，則固以破其奸謀，而折其驕氣。利害之際，豈不亦甚明歟？

　　翻譯：假如平民百姓都來學習征戰行陣的軍事，那些駐紮的士兵就會知道自己有了敵手，這麼一來就可以破除他們的邪心，折折他們的驕氣。二者間的利害情形，難道不是非常清楚嗎？

　　臣欲使士大夫尊尚武勇，講習兵法；庶人之在官者，教以行陣之節；役民之司盜者，授以擊刺之術；每歲終則聚於郡府；如古都試之法，有勝負賞罰，而行之既久，則又以軍法從事。

　　翻譯：我主張讓士大夫都注重武勇，講習兵法；讓那些在官府服務的百姓，教他們部隊行列陣式的法度；那些為官府服勤防盜的百姓，教導他們刺擊的技術。每年年終的時候，將他們聚集到郡府來，舉行像古代都試的考校辦法一樣，有勝負、有賞罰，這法子實行久了，再依照軍法來辦理。

章魚頭問題的定義
<教戰方式>

臣欲使士大夫尊尚武勇，講習兵法；
庶人之在官者，教以行陣之節；役民
之司盜者，授以擊刺之術；每歲終則
聚於郡府，如古都試之法，有勝負賞
罰，而行之既久，則又以軍法從事

如使平民皆習於兵，
彼知有所敵，則固以
破其奸謀，而折其驕
氣

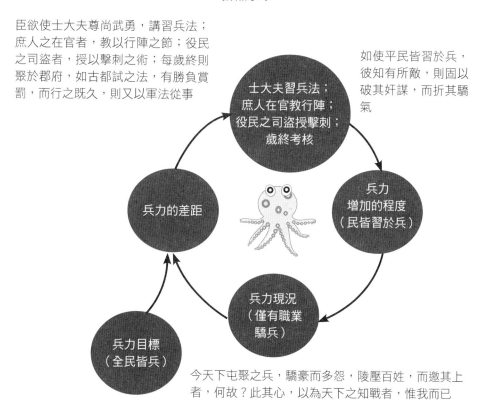

士大夫習兵法；
庶人在官教行陣；
役民之司盜授擊刺；
歲終考核

兵力的差距

兵力
增加的程度
（民皆習於兵）

兵力現況
（僅有職業
驕兵）

兵力目標
（全民皆兵）

今天下屯聚之兵，驕豪而多怨，陵壓百姓，而邀其上
者，何故？此其心，以為天下之知戰者，惟我而已

圖3-11 教戰方式的章魚頭

「現況」為僅有職業驕兵

「目標」為全民皆兵

「差距」為兵力的差距

「對策」為教戰方式（士大夫習兵法；庶人在官教行陣；役民之司
盜授擊刺；歲終考核）

「效果」為兵力增加的程度

議題二 教戰方式的章魚爪子伸出與捲回圖形

　　當章魚頭繪製完成後，接著再由章魚頭上的「對策」進行問題的發散思考（類比為章魚伸出爪子抓食物），即是採取的教戰方式對策是否有其後遺症或反效果，之後再進行收斂思考（類比為章魚爪子抓到食物後再將其捲回至章魚嘴中），即是後遺症或反效果會如何影響到我們的章魚頭，萃取的相關資訊如下。

　　然議者必以為無故而動民，又悚以軍法，則民將不安，而臣以為此所以安民也。

　　翻譯：然而那些批評者必定會認為這是無故擾民、騷動百姓的做法，又用軍法來驚嚇百姓，那麼百姓將會大大不安。

　　從上述資訊進行因果關係的邏輯推論，可以分析出那些批評者認為教戰方式落實的程度越高，則人民額外的負擔與人民覺得軍法威脅的程度就越大；人民額外的負擔與人民覺得軍法威脅的程度越大，則民眾不配合的程度就越高；民眾不配合的程度越高，則兵力增加的程度就越低進而影響兵力的現況，這段描述的章魚爪子伸出捲回，如圖3-12所示。

八爪章魚 <策略的發散收斂>

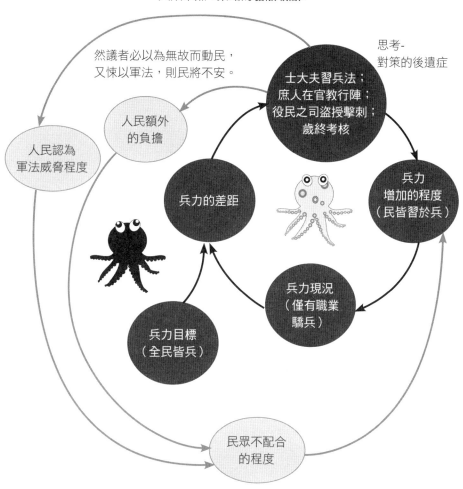

圖3-12 教戰方式的章魚爪子伸出捲回

3-3 國文科蘇東坡教戰守策，實際教學設計與實施成果分享

以下用三個面向來介紹衛道中學實際教學設計與學生演練實施成果分享。

壹‧老師整體教學設計與課程實施方式建議（共150分鐘，3節課）

(1) 老師整體教學設計

	教學內容		實施時間	備註
一	預備工作	教師	教師準備	教戰守策、教戰守策翻譯 教戰守策學習單
二	學生閱讀文本 寫作學習單	學生	30分鐘	學生課前預習 課中習作
三	解說系統思考基本圖形	教師	20分鐘	教師講解
四	個人繪製系統思考圖	學生	20分鐘	教師準備每位學生A4紙張 學生課中繪製系統思考圖
五	分組討論繪製	學生分組	30分鐘	教師準備：海報紙、彩色筆 學生課中分組繪製系統思考圖
六	分組報告	教師	20分鐘	學生各組依序報告系統思考圖
七	回饋「優點轟炸」 總結	學生 教師	30分鐘	學生各組依序說明 教師總結

(2) 課程實施方式建議

一、各校教師可以設計類似的課程，在108課綱「彈性課程」中開設「微課程」教學。

二、高中國文教學：

　　1.可以因應文言文大量減少，教師透過「微課程」教學，可以補

足。

2. 學生可以透過「微課程」教學，學會自主學習，閱讀力、思考力都可以有效提升。

3. 學生藉由系統思考、自主學習，鍛鍊思考力、解決問題的能力。再擴展至跨科閱讀，培養核心素養的能力。

三、系統思考可以這樣運用：

1. 儒、道、法、墨……諸子百家，都適合系統思考教學或學生自主學習。

2. 〈師說〉、〈馮諼客孟嘗君〉、〈典論論文〉、〈諫逐客書〉、〈燭之武退秦師〉、〈原君〉等課也都適合系統思考。

3. 學生可以思考未來想讀的科系，找出主題自主學習，提出自主學習的申請。閱讀《科學雜誌》、《天下雜誌》、《遠見雜誌》等，看見科學家、從政者、企業家們如何解決問題並繪製系統思考圖，就可以有成果發表，成為學習歷程（P）一部分。

貳‧學生學習單設計與分組報告評分表

(1) 學生學習單設計

蘇東坡論政知識分子的公民責任〈教戰守策〉學習單

組別_____　姓名_____　座號_____

1. 蘇軾以為當今生民之患何在？這一個說法以宋朝日後的覆亡看來，他的論政有遠見嗎？

＿＿＿＿＿＿＿＿＿＿＿＿＿＿＿＿＿＿＿＿＿＿＿＿＿＿＿＿＿＿

＿＿＿＿＿＿＿＿＿＿＿＿＿＿＿＿＿＿＿＿＿＿＿＿＿＿＿＿＿＿

＿＿＿＿＿＿＿＿＿＿＿＿＿＿＿＿＿＿＿＿＿＿＿＿＿＿＿＿＿＿

＿＿＿＿＿＿＿＿＿＿＿＿＿＿＿＿＿＿＿＿＿＿＿＿＿＿＿＿＿＿

2. 作者指出先王在天下太平時如何教戰？目的何在？

＿＿＿＿＿＿＿＿＿＿＿＿＿＿＿＿＿＿＿＿＿＿＿＿＿＿＿＿＿＿

＿＿＿＿＿＿＿＿＿＿＿＿＿＿＿＿＿＿＿＿＿＿＿＿＿＿＿＿＿＿

＿＿＿＿＿＿＿＿＿＿＿＿＿＿＿＿＿＿＿＿＿＿＿＿＿＿＿＿＿＿

＿＿＿＿＿＿＿＿＿＿＿＿＿＿＿＿＿＿＿＿＿＿＿＿＿＿＿＿＿＿

3. 作者於文中指出後世迂儒建議去兵的後遺症是什麼？作者又舉了哪一個史例為證，反對去兵？

＿＿＿＿＿＿＿＿＿＿＿＿＿＿＿＿＿＿＿＿＿＿＿＿＿＿＿＿＿＿

＿＿＿＿＿＿＿＿＿＿＿＿＿＿＿＿＿＿＿＿＿＿＿＿＿＿＿＿＿＿

＿＿＿＿＿＿＿＿＿＿＿＿＿＿＿＿＿＿＿＿＿＿＿＿＿＿＿＿＿＿

＿＿＿＿＿＿＿＿＿＿＿＿＿＿＿＿＿＿＿＿＿＿＿＿＿＿＿＿＿＿

4. 作者透過譬喻「天下之勢，譬如一身」，再以映襯法來說明王公貴人、農夫小民平日養身的方式，用意何在？

＿＿＿＿＿＿＿＿＿＿＿＿＿＿＿＿＿＿＿＿＿＿＿＿＿＿＿＿＿＿

＿＿＿＿＿＿＿＿＿＿＿＿＿＿＿＿＿＿＿＿＿＿＿＿＿＿＿＿＿＿

＿＿＿＿＿＿＿＿＿＿＿＿＿＿＿＿＿＿＿＿＿＿＿＿＿＿＿＿＿＿

5.作者點出天下治平日久之後，士大夫、庶民已產生何種心態？

6.天下承平，作者何以認為天下仍有變故，而必至於戰？

7. 若天下不能免於用兵，作者認為應該如何教戰？文中提出什麼具體
方案？

8. 蘇軾作為一個知識分子，他是否善盡了公民責任？從何可見？說說
你的看法。

（2）分組報告評分表

蘇東坡論政知識分子的公民責任〈教戰守策〉
_____系統思考分組報告評分表（第　組）

組別	內容 60%	聲調 15%	儀態 15%	時間 10%	總分 100%	備註
1						
2						
3						
4						
5						
6						

註：1. 選修課一班約25-30人，可以分成5-6組。

　　2. 事前要公布評分標準。

　　3. 一組報告時間5分鐘（必須有計時的同學）。

參‧學生課堂習作系統思考圖成果分享與綜合分析

（1）學生課堂習作系統思考圖成果分享

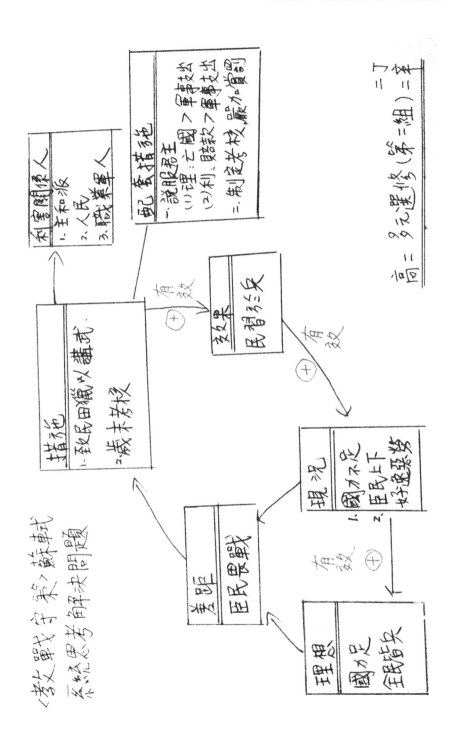

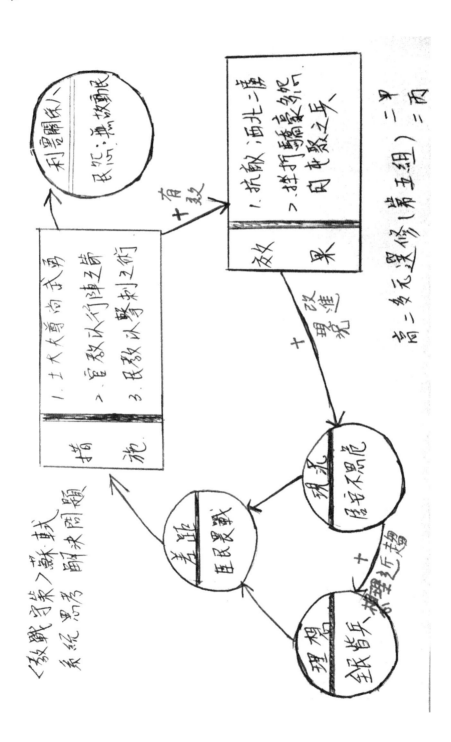

臺中市私立衛道高級中學
蘇軾〈教戰守策〉課堂實做照片

老師講解

學生個人習作

輕鬆搞定！
新課綱系統思考素養的教與學

熱烈參與分組討論、製作壁報

精彩的分組報告

(2) 綜合分析

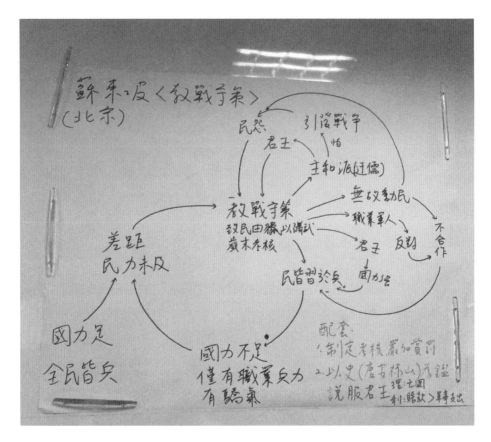

　　上面這張圖是衛道中學國文老師學習系統思考閱讀筆記術三小時工作坊的分組演練成果，由這張國文教師們所繪製的圖與圖3-12比較，發現老師們可以在短時間內掌握系統思考閱讀筆記術的精髓，證明八爪章魚覓食術這個方法非常適合高中老師學習。

　　從前面學生的學習成果來看，章魚頭的繪製結構較無問題，然而「章魚爪子伸出與捲回」比較不容易思考繪製，顯示問題解決的「發散與收斂思考」是老師需要於學生演練時，特別加強引導的重要關鍵。

肆‧教師的回饋與省思

　　感謝楊朝仲教授的指導，在系統思考的研習前，思考一直是本人（本人指衛道中學管新芝老師）比較薄弱的部分；研習後也只是偶爾拿一些手邊的教材畫一畫，每一次都還要拿章魚頭出來看看圖形繪製是否正確，之後大致的圖形已在腦中成形。其中值得分享的是：

1. 繪製圖形時剛開始在「定義問題」時最難掌握的是：「差距」。
2. 最讓本人感興趣的是從圖中：「措施」、「利害關係人」、「後遺症」的思考中，看見動態「變」局中帶來的各種影響。
3. 變動是社會的常態，這影響我思考問題時更能全面且多方地關照，而不是固守一隅，以管窺天。
4. 系統思考在解說課程時，能夠多一種適合的方式帶領學生學習。例如：科普文章《科學人》，看見科學家如何解決問題，如肥胖問題、淹水問題、廟宇滅「香」問題……都十分適用。而當我們思考這些問題的時候，就發現這些也不見得是單純科學問題，將牽涉心理、社會、政治、法律、經濟、文化……複雜面向，如此便可引導學生瞭解「跨領域」思考的重要性了。

第 **4** 章

輕鬆搞定：學測國語文寫作測驗系統思考的教與學

徐文濤

4-1　認識國語文寫作能力測驗與系統思考的關係

　　目前我國高中生要進入國內大學就讀，主要參加二項重要的考試，一是學科能力測驗（以下簡稱「學測」），一是指定科目考試，這二項考試的成績攸關高中學生未來畢業後可以就讀的大學校系，因此可說是非常重要的升學考試。在107年以前，國文科測驗的題型除了選擇題與其他問答類型的非選擇題外，還必須加考一篇作文，作文所佔的分數約為國文科成績的四分之一，也被大部分考生視為較有挑戰性的考試項目。但自107年，學測國文與指考國文改為全部選擇題，其中學測國文考科包含「國文（選擇題）」與「國語文寫作能力測驗（簡稱『國寫』，也就是原包含在學測國文與指考考科中的作文將不再施測，改由「國寫測驗」取代）」，且國寫單獨一節課獨立施測。107年學測國寫測驗第一次施測，考試時間為80分鐘，但因為大部分的考生表示80分鐘的作答時間無法讓考生充分發揮，大考中心自108年學測起，將學測國寫的測驗時間改為90分鐘。

　　因此，未來考生們在考學測國寫時，雖然會有比較充裕的寫作時間，然而完成國寫的寫作測驗，並非等同於能得到高分。主要的原因是，國寫測驗的命題理念與測驗目標，都與傳統的學測作文有了明顯的界定與差別。根據大考中心在105年9月所公告的「含國語文寫作能力測驗考試說明」中提到關於命題理念：

1. 注重人文與自然、理性與感性、原理與實用、傳統與現代的結合，除了考量不同學系共同的語文表達需求之外，更期望與大學通識教育「統整人格與知識」的目標相連結，使測驗不只是甄選工具，更富有教育意義。

2. 貼近生活經驗，切合社會脈動強調「題材生活化」，一方面增加考生的親切感、減低應考的緊張度，一方面亦促使考生多留意身邊的問題與現象，不致對周遭環境疏離、對社會事務漠然，窄化了人生

的視野。

3. 強化分析理解，促進多元思考強調「思考多元化」，希望考生能在不同性質材料的引導下，對試題所提出的問題或現象，忠實地寫出個人理性分析後的意見或內心感受，不必為了迎合固定的意識框架而虛矯造作。（資料來源：大考中心）

其中值得我們注意的是，從學測國寫第二點與第三點的命題理念可知：學測國寫的命題方向將更貼近生活經驗，並且藉由多元思考針對試題所提出的問題或現象，經過考生的理性分析後發表意見或感受。而上述命題理念正與系統思考的精神與培養學生解決問題的能力不謀而合。

再從大考中心公告學測國寫的測驗目標來看：國語文寫作能力測驗之測驗目標，係參考大學校系期望學生具備的文字表達能力而訂定，該期望之前五項依序為：

1. 能觀察、瞭解、歸納現象，並提出意見。
2. 能清晰具體地描述事實。
3. 能寫出個人的經驗，表達內心的情感與想像。
4. 能正確解讀圖表。
5. 能正確穩妥地遣詞造句、謀段成篇。（資料來源：大考中心）

從上述內容可知，系統思考訓練學生如何藉由觀察與思考來深入思考眼前遇到的問題，進而運用適當的工具來找到問題解決的方法，的確是戰勝學測的最佳工具與能力。

最後，學測國寫測驗的題目分成二大題，各大題所要測驗考生的能力也大不相同，主要是以下二類題目：

一、知性的統整判斷能力

測驗考生是否具備統整判斷的能力，評量內容包括：

1. 能否正確解讀文字或圖表，適當分析、歸納，具體描述說明。
2. 能否針對各種現象提出自己的見解。

二、情意的感受抒發能力

測驗考生是否具備情意、想像等感性的表達能力，評量內容包括：

1. 能否具體寫出個人實際的生活經驗。
2. 能否真誠表達內心的情感。
3. 能否發揮想像力。（資料來源：大考中心）

　　而系統思考的訓練正可以幫助考生在面對「知性統整判斷題」時，思考問題解決的完整步驟與方法；而在面對「情意的感受抒發題」時，也可以運用系統思考來幫助考生建立文章的架構，進而完成一篇文情並茂，並兼顧論述與說理的考試作文。

　　綜合上述內容可知，系統思考可以訓練考生，全面關照問題進而看到問題的全貌，在思考解決問題方法的同時，也學會同時考慮到許多主、客觀因素的交互影響，包含時間的因素、利害關係人的介入、環境的變數等皆使問題更複雜，也可能產生意料之外的後遺症。找到最佳的解決方案，才能順利戰勝學測的國寫測驗。

　　以下將針對學測國寫的知性統整判斷題，以及情意感受抒發題這二大類型，分別說明如何應用系統思考來戰勝學測國寫測驗。

4-2　應用系統思考輕鬆破解學測國寫知性統整判斷題型

　　以108年學測國寫第一題為例，筆者將示範如何藉由系統思考的方法來清晰考生的思路，進而完整回應題目的提問。108年學測國寫第一題題目如下：

　　糖對身體是有好處的，運動過後或飢餓時，適當地補充糖會讓我們迅速恢復體力。科學研究也發現，大腦細胞的能量來源主要來自葡萄糖，當血糖降低時，大腦難以順利運轉，容易注意力不集中，學習或做事效果不佳。不過，哈佛醫學院等多個研究機構指出，高糖飲食會增加罹患乳癌及憂鬱症等疾病的風險；世界衛生組織也指出，高糖飲食是造成體重過重、第二期糖尿病、蛀牙、心臟病的元兇，並建議每日飲食中「添加糖」的攝取量不宜超過總熱量的10%。以每日熱量攝取量2,000大卡為例，也就是50公克糖。我國國民健康署於民國103年至106年的「國民營養健康狀況變遷調查」中，有關國人飲用含糖飲料的結果如圖4-1、圖4-2所示。

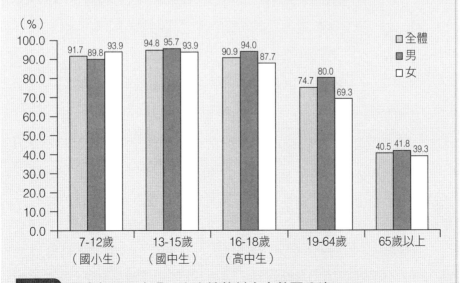

圖4-1　國人每週至少喝一次含糖飲料之人數百分比

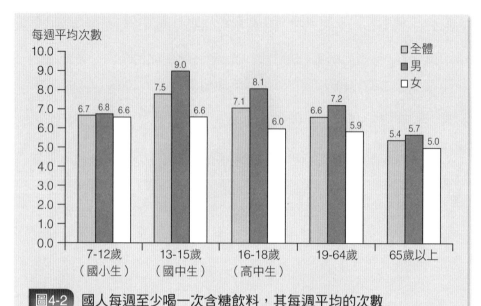

每週平均次數

圖4-2 國人每週至少喝一次含糖飲料，其每週平均的次數

請分項回答下列問題。

問題(一)：國民健康署若欲針對18歲（含）以下的學生進行減糖宣
導，請依據圖4-1、圖4-2具體說明哪一群體（須註明性
別）應列為最優先宣導對象？理由為何？文長限80字以
內（至多4行）。（佔4分）

問題(二)：讀完以上材料，對於「中、小學校園禁止含糖飲料」，
你贊成或反對？請撰寫一篇短文，提出你的看法與論
述。文長限400字以內（至多19行）。（佔21分）

　　本大題的第一小題是測驗考生圖表的解讀能力，故考生只需藉由圖
表的數據，判斷出哪一個性別的群體應該列為減糖宣導的對象即可，這
並非是一個需借助系統思考方法來解決的複雜問題。

　　但是第二小題便要求考生讀完題幹提供的文字與圖表等材料後，針
對「中、小學校園禁止含糖飲料」這個政策提出贊成或是反對的意見，

同時也希望考生針對自己的意見提出相關論述或看法。我們可以針對
贊成或反對這二種意見來繪製八爪章魚覓食術圖形，如圖4-3與圖4-4所
示。

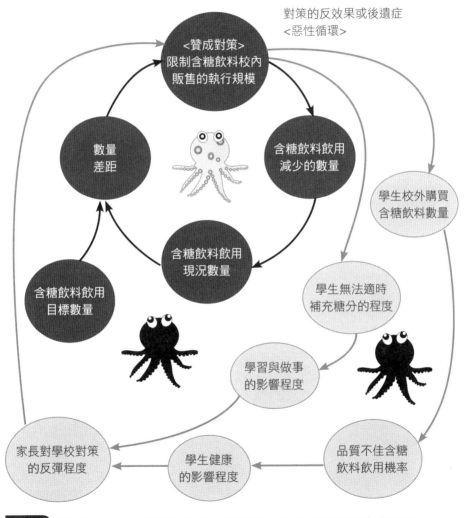

圖4-3　贊成「中、小學校園禁止含糖飲料」的八爪章魚覓食術圖形

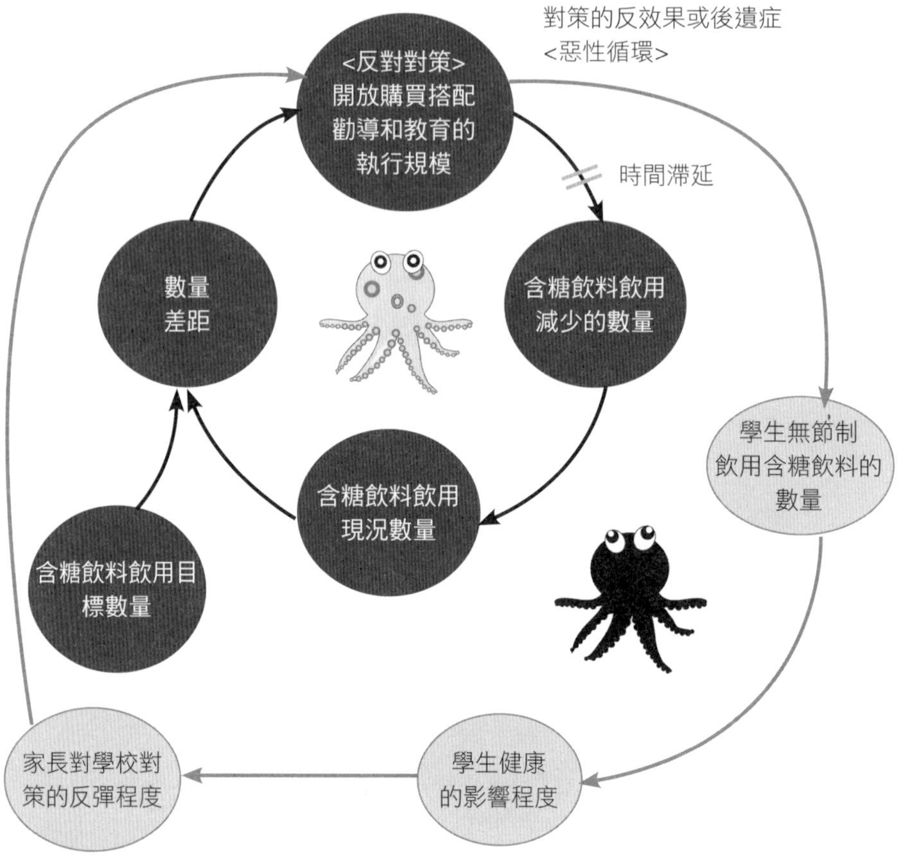

對策的反效果或後遺症
<惡性循環>

<反對對策>
開放購買搭配
勸導和教育的
執行規模

時間滯延

數量
差距

含糖飲料飲用
減少的數量

學生無節制
飲用含糖飲料的
數量

含糖飲料飲用
現況數量

含糖飲料飲用目
標數量

家長對學校對
策的反彈程度

學生健康
的影響程度

圖4-4 反對「中、小學校園禁止含糖飲料」的八爪章魚覓食術圖形

(一) 贊成「中、小學校園禁止含糖飲料」這個政策的系統思考問題解
決：如果考生贊成「中、小學校園禁止含糖飲料」這個政策，乍看
之下似乎可以有效直接禁止學生在校園內飲用含糖飲料，然而我們
必須思考：這個政策實施之後，隨著時間遞延可能會產生哪些後遺
症呢？

1. 首先我們從題幹所提供的圖4-1及圖4-2來看，中小學生的年齡位於7-18歲之間，這個年齡區間的人民無論男性或女性，在每週至少喝一次含糖飲料的比例皆遠高於19歲以上的族群，可見在我國的中小學生早已經養成喝含糖飲料的習慣了，也就是說這個族群的學生對於含糖飲料應該是有上癮的狀況。如果此時貿然實施在「中、小學校園禁止含糖飲料」的政策，對於這些已經養成平日就喝含糖飲料的學生族群來說，恐怕一時半刻是無法完全禁絕。

2. 而這些學生為了滿足喝含糖飲料的慾望，既然無法在校園中購買，他們可能轉而事先在校園外先購買，然後帶到校園內飲用。以往在校園中販售的含糖飲料至少經過學校把關，無論是飲料的成分安全是否合乎國家標準，亦或是飲料中含糖的比例是否合宜，應該都還在可見及可控制的範圍內。但如果是家長或學生私自在校園外購買含糖飲料到學校飲用，在含糖飲料的食品安全及含糖成分的把關上，恐怕會出現很大的漏洞，恐怕會對學生的身體健康造成更大的影響，而原本希望藉著贊成「中、小學校園禁止含糖飲料」的政策來達到幫助學生身體健康的目的不但沒有達成，還可能造成反效果，嚴重影響學生的身體健康。

3. 另外，就本題題幹引文所述：「糖對身體是有好處的，運動過後或飢餓時，適當地補充糖會讓我們迅速恢復體力。科學研究也發現，大腦細胞的能量來源主要來自葡萄糖，當血糖降低時，大腦難以順利運轉，容易注意力不集中，學習或做事效果不佳。」如果貿然全面實施「中、小學校園禁止含糖飲料」的政策，學生在校園如果無法適當補充糖份，可能影響了學生在運動後或飢餓時的體力恢復，甚至影響了學生的學習及做事效果，若因此而引起家長反彈，除了家長對於學校此政策的不支持外，可能還會購買更多含糖飲料給子女飲用，造成此政策推動失敗，無法達到減少學生飲用含糖飲料的目的。

配套措施：

1. 建議採用漸進式實施「中、小學校園禁止含糖飲料」政策，可以先限制每位學生每日購買含糖飲料的數量或次數開始，讓學生開始注意學校為何要限制學生購買與飲用含糖飲料。

2. 嚴格限制校園內販售的含糖飲料品項、成分及含糖比例，讓學生可以視個人需求在校園購買含糖飲料來補充身體所需要的糖份，且至少學生買到的含糖飲料成分是受到控管的。

3. 將飲用含糖飲料的相關教育內容，適時地融入學校的部分課程中，例如：健康教育、體育課、生物課等，讓學生在接受相關教育之後，可以自發性地避免過度飲用含糖飲料，以免造成身體負擔，進而引發一些相關疾病。如此一來將更能夠順利達到在中、小學學生適度飲用含糖飲料的目的，進而促進國民健康。

(二) 反對「中、小學校園禁止含糖飲料」這個政策的系統思考問題解決：如果考生反對「中、小學校園禁止含糖飲料」政策，我們必須先確認一件事：為什麼要反對「中、小學校園禁止含糖飲料」？必須先確認目標後，才能找出達成目標的具體措施。筆者先設定反對「中、小學校園禁止含糖飲料」政策的目的，也是為了減少學生飲用含糖飲料的次數，進而促進國民健康為主要目的。然而我們仍然必須思考如果「中、小學校園不禁止含糖飲料」這個政策實施之後，可能隨著時間遞延會產生哪些後遺症呢？

1. 在題幹引文中雖然提到「糖對身體是有好處的，運動過後或飢餓時，適當地補充糖會讓我們迅速恢復體力。」因此主張反對「中、小學校園禁止含糖飲料」的主要原因，應該是認為中、小學生仍然需要糖；然而題幹引文亦提及：「哈佛醫學院等多個研究機構指出，高糖飲食會增加罹患乳癌及憂鬱症等疾病的風險；世界衛生組織也指出，高糖飲食是造成體重過重、第二期糖尿

病、蛀牙、心臟病的元兇，並建議每日飲食中『添加糖』的攝取量不宜超過總熱量的10%」，可知提出反對「中、小學校園禁止含糖飲料」同樣不願意中、小學生飲用過多含糖飲料，否則屆時影響了學童的身體健康，亦非教育單位樂見之事。

2. 綜上所述，合理推論主張反對「中、小學校園禁止含糖飲料」者，同時應搭配生活教育及課程融入方式，除了讓學生知道過度飲用含糖飲料會如何嚴重影響身體健康外，並以道德勸說方式勸導學生應嚴格控制每日飲用含糖飲料的數量，進而達到中、小學生減少飲用含糖飲料的目的。

3. 然而從題幹所提供的圖4-1及圖4-2來看，中、小學生的年齡位於7-18歲之間，這個年齡區間的人民無論男性或女性，在每週至少喝一次含糖飲料的比例皆遠高於19歲以上的族群，可見我國的中、小學生早已經養成喝含糖飲料的習慣了，也就是說這個族群的學生對於含糖飲料應該是有上癮的狀況。如果此時貿然開放「中、小學校園含糖飲料」可無限制地購買、飲用，對於這些已經對於養成平日就喝含糖飲料的學生族群，一開始藉由道德勸說或課程融入的方式來教育學生，恐怕必須耗費很長的時間才能看到成效，因此部分中、小學生在校園內購買、飲用含糖飲料的行為，恐怕將真正影響學生的身體健康，此時學生家長恐將對學校此政策產生反彈的聲浪。

4. 當家長對此開放「中、小學校園含糖飲料」的政策產生反彈時，學校恐將在此壓力下撤回此政策，或者轉而支持甚至實施反對「中、小學校園含糖飲料」的政策，同時將會引發此政策的後遺症（請見反對「中、小學校園含糖飲料」引發後遺症說明），若要實現減少「中、小學校園含糖飲料」的目標，這將會是嚴重的挑戰。

配套措施：

1. 建議採用漸進式同意「中、小學校園禁止含糖飲料」購買與飲用政策，不宜一開始就全面無限制的開放，先同意每位學生每日購買含糖飲料的數量或次數的上限，讓學生開始注意學校為何要開始限制學生購買與飲用含糖飲料的動機與目的，接著再利用各種場合宣講或運用課程融入此議題的方式，教育學生適當攝取糖的份量。

2. 通知家長學校實施此政策的動機與目的，並希望家長也能在家裡教育孩子，勿過度飲用含糖飲料，支持學校此一政策。同時也請家長瞭解孩子零用錢的使用狀況，不要給孩子過多零用錢，以免有多餘的零用錢購買太多含糖飲料。

接著，我們將以107年學測國寫第一題為例，示範如何藉由系統思考的方法來清晰考生的思路，進而完整回應題目的提問。107年學測國寫第一題題目如下：

自從有了電腦、智慧型手機及網路搜尋引擎之後，資訊科技的發展改變了人類大腦處理資訊的方式。我們可能儲存了大量的資訊，卻來不及閱讀，也不再費力記憶周遭事物和相關知識，因為只要輕鬆點一下滑鼠、滑一下手機，資訊就傳到我們面前。

2011年美國三位大學教授做了一系列實驗，研究結果發表於《科學》雜誌。其中一個實驗的參與者共有32位，實驗過程中要求每位參與者閱讀30則陳述，再自行將這30則陳述輸入電腦，隨機儲存在電腦裡6個已命名的資料夾，實驗中沒有提醒參與者要記憶檔案儲存位置（資料夾名稱）。接著要求參與者在10分鐘內寫出所記得的30則陳述內容，然後再進一步詢問參與者各則陳述儲存的位置（資料夾名稱）。

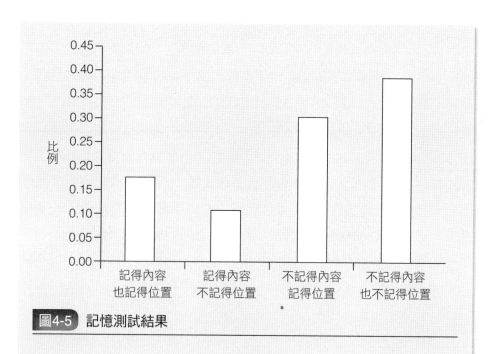

 記憶測試結果

請分項回答以下問題。

問題 (一)：有甲生根據上述的實驗結果主張：「人們比較會記得資訊的儲存位置，而比較不會記得資訊的內容。」請根據上圖，說明甲生為何如此主張。文長限80字以內（至多4行）。（佔4分）

問題 (二)：二十一世紀資訊量以驚人的速度暴增，有人認為網路資訊易於取得，會使記憶力與思考力衰退，不利於認知學習；也有人視網際網路為人類的外接大腦記憶體，意味著我們無須記憶大量知識，而可以專注在更重要、更有創造力的事物上。對於以上兩種不同的觀點，請提出你個人的看法，文長限400字以內（至多19行）。（佔21分）

　　本大題的第一小題是測驗考生圖表的解讀能力，故考生只需藉由圖表的數據寫出「人們比較會記得資訊的儲存位置，而比較不會記得資訊的內容」的證據即可，這並非是一個需借助系統思考方法來解決的複雜問題。

　　但是第二小題便要求考生針對「二十一世紀資訊量以驚人的速度暴增，有人認為網路資訊易於取得，會使記憶力與思考力衰退，不利於認知學習」，以及「也有人視網際網路為人類的外接大腦記憶體，意味著我們無須記憶大量知識，而可以專注在更重要、更有創造力的事物上」，來提出個人的看法。但是這兩種觀點的前提都是「現代網路科技技術發達，網路上存有豐富的資料與知識」，但卻衍生出兩種截然不同的結論，一是認為網路科技對於人類的認知學習是不利的；而另一種觀點則認為，就是因為網路科技的進步，人類才有機會擺脫需耗費大量時間獲取知識的過程，反而有更多的時間來從事創新及創造性事物的研究與發明。因此筆者將運用系統思考的方法，分析與探討這二種不同觀點從起點到結論的過程中，可運用哪些策略來提升學習成效？這些策略經過時間滯延、經過利害關係人的介入，又會產生哪些後遺症？該提出哪些配套措施，來減少後遺症對目標達成的影響呢？藉由上述的分析結果，考生將可以順利完成此篇學測作文題。

(一) 網路資訊易於取得，會使記憶力與思考力衰退，不利於認知學習。

　　網路資訊易於取得，可能導致使用者面對這些網路資源時，將面臨下列後遺症：

1. 資訊來源不足：網路資訊雖然大部分是免費的，卻也限制了資訊的來源與管道，因此有不少濫竽充數的網站，或是盜取他人網頁內容的「內容農場」，這些良莠不齊的網站可能讓使用者誤以為可供參考的資訊管道與內容只侷限在這個網頁中。

2. 資訊內容的正確性：由於網路上的資訊過於浮濫，若使用者缺乏

判別資訊內容正確與否的能力，進而將錯誤的資訊信以為真。錯誤的資訊將會誤導使用者，導致學習的方向錯誤，不但可能多走冤枉路，甚至可能造成錯誤的學習成果。

配套措施：

1. 指導使用者運用多管道的網路資訊來源：指導使用者仍須具備其他資訊的取得、查詢及檢索的能力，例如利用傳統圖書館，或是訂閱線上付費網路資源系統，確保資訊來源的正確性與多樣性，以利使用者多方比較及參考。

2. 使用者需具備網路資訊內容判別力：即使網路資訊如此容易取得，但使用者仍須具備資訊內容判別的基本素養能力，除了慎選網路資訊的來源之外，對於資訊的內容真偽判別能力更是必需。

(二) 網際網路為人類的外接大腦記憶體，意味著我們無須記憶大量知識，而可以專注在更重要、更有創造力的事物上。網路的發達使得人們不必記憶大量知識，如此一來將可以節省過去必需耗費許多時間背誦、記憶知識的時間，也可以利用網路技術記住更多、更雜的資訊與知識，節省下來的時間可用來專注在更重要、更需要創新的事物上，但仍有可能產生下列後遺症，是我們必需注意的：

1. 使用者須對於資訊有判別真偽以及正確性的能力：即使因為網路技術的發達，人們不再需要記憶過多的知識，但是對於網路上過多的資訊內容，使用者仍然需要有判斷資訊內容的能力，對於資訊取得來源應該更多樣性，同樣不能忽略傳統圖書館的功能，以及使用付費線上資料庫的觀念與能力。

2. 使用者須注意最新資訊的取得：雖然網路的科技讓現代人節省了不少時間，但仍須注意資訊的「保鮮期」，也就是最新資訊的察覺以及取得，正是仰賴網路資訊的現代人必須特別注意的。正因

為網路的發達，讓這個世界變得沒有距離，資訊的傳播也更加無遠弗屆，資訊更新的速度也更勝於以往，因此隨時更新資訊的內容顯得更加必要。

配套措施：

1. 培養使用者資訊內容的判別能力與運用多管道的網路資訊來源：即使網路科技如此發達，現代人仍需要相關知識的基本素養及紮實的基礎，在面對浩瀚如海的網路資訊時，仍然保有判別資訊內容正確性的能力。另外，現代人仍須具備其他資訊的取得、查詢及檢索的能力，例如利用傳統圖書館，或是訂閱線上付費網路資源系統，確保資訊來源的正確性與多樣性，以利使用者多方比較及參考。

2. 養成固定檢索具公信力網站的習慣：具公信力的網站通常具備幾個特性，一是提供資訊的正確性，二是更新資訊的速度，都是得到相關資訊使用者推崇的主要原因。因此大量倚賴網路科技所提供資訊的現代人，更應該定期造訪相關網站，取得最新資訊的內容及進展。

結論：自107年學測開始測驗國語寫作能力，以上是我們應用系統思考方法，來針對第一題測驗「知性統整判能力」題型，所提出的實際應用方法舉隅。以下則是針對傳統考試作文題型，應用系統思考方法來協助考生構思作文架構的說明及舉例。

4-3　應用系統思考輕鬆學會構思學測國寫作文架構

在指導高中生書寫作文的教學經驗中，我們發現寫一篇作文首先會遇到的第一個難題就是「如何下筆？」許多學生無法在短時間內思考並且決定「我要如何開始寫這篇作文？」尤其是在參加大學學測時，國文

考科的考試時間是有限制的，一篇沒有完成的作文和一篇內容貧乏、言之無物的作文，分數是一樣悽慘的。另外，再從大學學測作文的評分標準來看，「文章段落結構完整」更是得到基本分數的保證（請見大考中心學測作文評分標準），因此我們決定利用「運用系統思考解決問題」的方法與策略，培養學生具備「構思作文寫作的方向與架構」的能力。

一、系統思考與作文題目的關係

系統思考是一種強調全面性的思考模式，以系統的方式來思考諸多環環相扣的問題影響並提出解決方法。觀察近幾年的學測與指考作文題目，絕大多數都是提出一個考生們在過去、現在曾經遭遇，或是未來將會面臨的一些「人生問題」，在面對問題時的重點不能只是描述問題，更重要的是如何有效地解決問題。以下我們將列舉一些歷年學測與指考的作文題目，並試著找出這些題目與人生問題的關連性，請大家參考：

學測	題目	對應的人生問題
99年學測	漂流木的獨白	生存的問題
100年學測	學校和學生的關係	挑戰與挫折的問題
101年學測	自勝者強	挑戰與挫折的問題
102年學測	人間愉快	人生階段的問題
103年學測	通關密語	挑戰與挫折的問題
104年學測	獨享	人生階段的問題
105年學測	我看歪腰郵筒	挑戰與挫折的問題
106年學測	關於經驗的N種思考	挑戰與挫折的問題
107年學測國寫第二題	季節的感思	人生階段的問題
108年學測國寫第二題	溫暖的心	人生階段的問題

指考		
99年指考	應變	挑戰與挫折的問題
100年指考	寬與深	職涯的問題
101年指考	我可以終身奉行的一個字	挑戰與挫折的問題
102年指考	遠方	職涯的問題
103年指考	圓一個夢	職涯的問題
104年指考	審己以度人	生存的問題
105年指考	舉重若輕	挑戰與挫折的問題
106年指考	在人際互動中找到自己	自我認同、價值觀與職涯選擇的問題

　　首先要先說明的是，只從題目的字面恐怕不容易理解這個題目所對應的人生問題是什麼。主要的原因是學測、指考的作文題目會有引言、舉例、說明等文字，而這些文字已經明確引導考生這個題目書寫的方向，而筆者就是從這些說明的文字去歸納、整理出這個題目與人生問題的關連性。我們歸納出來的人生問題如下：

1. 生、死的問題：人要如何活的精彩？死而無憾？
2. 人生階段的問題：求學—求職—求婚—求子—求快樂
3. 生存的問題：人與人（人際關係）—人與大自然（環境）—人與社會（人與社會的關係與責任）
4. 職涯的問題：我的志願—我的興趣與性向—我的職業選擇—我的理想與實現
5. 挑戰與挫折的問題：面臨挫折時的態度、思考的面向、處理問題的程序與方法

二、系統思考的步驟與作文評分項目的對應關係

1. 系統思考的運作順序

- 定義問題
- 問題解決相關對策提出
- 對策的實施因時間遞延的關係，在實施的過程中產生後遺症
- 實施對策的同時，需考慮連帶受到影響的利害關係人

2. 指考作文的評分項目（指考作文評分的四個面向）

- 題旨發揮
- 資料掌握
- 結構安排
- 字句運用

3. 系統思考的運作順序與指考作文評分項目的對應關係

系統思考的運作順序	指考作文的評分項目
定義問題	題旨發揮
問題解決相關對策提出	資料掌握
對策的實施因時間遞延的關係，在實施的過程中產生後遺症	結構安排
實施對策的同時，需考慮連帶受到影響的利害關係人	
（系統思考無法處理的問題）	字句運用

　　由上表可知，「字句運用」是屬於考生個人的語文表達能力，這項能力需要有良好的語文基礎與閱讀習慣，來累積個人在文字與詞彙的認知數量與運用的熟練度，這是系統思考無法處理的。除了這個項目外，系統思考可以有效協助考生釐清「這個作文題目是希望解決人生中的哪一個問題」，也就是系統思考中的「定義問題」，知道要解決的問題之後，接著就要找出解決問題的方法與對策，此時就需要考量到「對策的

實施因時間遞延的關係，在實施的過程中產生後遺症」與「實施對策的同時，需考慮連帶受到影響的利害關係人」，然而問題的解決在一篇作文中很可能只是「紙上談兵」，因此在文章的結尾，考生們必須「假設這個問題已經確實被解決」，並且寫出「問題解決後的感受」，這樣一篇首尾具足、切合題旨、言之有物又內容具體的文章就完成了。

三、運用系統思考構思文章架構的流程

1. 【定義問題】→ What?（作文題目考哪一個人生的問題？這個題目的意義是什麼？）Why?（為什麼要考這個人生的問題？）→第一段

2. 【定義問題】→What?（你自己或別人是否曾經發生過這樣的問題？）When? Where? with Who? How?（感受如何？）→第二段

3. 【問題解決相關對策提出】→How?（要如何解決這個問題？）What?（用了哪些方法？）Why?（為什麼用這些方法？）What?（發生了哪些事情或是後遺症？）→第三段

4. 【對策的實施因時間遞延的關係，在實施的過程中產生後遺症】→How?（要如何解決這個問題？）→第三段

5. 【實施對策的同時，需考慮連帶受到影響的利害關係人】→ Who?（處理問題的過程中，牽涉了哪些重要的利害關係人？）What?（用了哪些方法來解決衍生的問題？）Why?（為什麼用這些方法？）What?（發生了哪些事情或是後遺症？）→第三段

6. 【定義問題】→What?（問題處理的結果如何？）Why?（呼應第一段「為什麼要考這個人生的問題？」）What?（經過這次問題處理的經驗，你的感受和心得是什麼？這樣的收穫和心得，對你未來人生的影響又是什麼？以積極、正面、充滿希望和陽光作結）→第四段（結尾）

四、運用系統思考構思文章架構的實例

　　茲以107年大學學測國寫第二大題題目「季節的感思」第二小題，與108年大學學測國寫第二大題題目「感恩的心」第二小題為例，說明如何運用系統思考構思文章架構。

1. 107年大學學測國寫第二大題題目：季節的感思

> 你在傾聽小魚游濺的聲音
> 張望春來日光閃爍在河面
> 微風吹過兩岸垂垂的新柳
> 野草莓翻越古岩上的舊苔
> 快樂的蜥蜴從蟄居的洞穴出來
> 看美麗新世界野煙靄靄──
> 在無知裡成型。你在傾聽
> 聽見自己微微哭泣的聲音
> 一片樹葉提早轉黃的聲音（楊牧〈天〉）
>
> 請閱讀上列詩作，分項回答以下問題。
>
> 問題(二)：普魯斯特（Proust, M.）在《追憶逝水年華》中說：「一小時不僅僅是一個小時，它是一只充滿香氣、聲響、念頭和氛圍的花缽」，說明時間的認知與感官知覺及感受有關。楊牧的〈天〉透過感官描寫，傳達季節的感知，請以「季節的感思」為題，寫一篇文章，描寫你對季節的感知經驗，並抒發心中的感受與領會。（佔18分）

說明：

一、本題的第二小題題幹引用普魯斯特作品的文句，說明對於時間的認知與感官知覺及感受有關，感官知覺及感受正是時間如何帶給自己難忘的記憶，以及留下這難忘記憶的原因，最後帶給自己的心得與感受。而時間流動的體會與季節的更迭二者是一致的，因此考生們可以藉著書寫某個季節如何帶給自己難忘記憶的歷程，以及這歷程帶給自己的體會即可。

二、因本題的測驗目標是以情意的抒發為主，若要藉由系統思考來協助考生完成作文架構，必須先設定好此作文想要解決的問題，然後對照現況、擬定措施、考量後遺症及利害關係人之間的關係，就可以完成作文的架構。筆者就以「希望在高中畢業前，實現自己在高一時對自己的承諾」為例，示範如下：

段落（文章架構）	段落大意	對應系統思考流程圖
第一段：起	先書寫藉由哪些感官來感知季節景觀的變換，藉此引出下文內容的書寫動機。What?Why?	【定義問題】現況
第二段：承	因季節的變換聯想到明年夏天即將畢業，回顧高中生活的點點滴滴（讓高中生活記憶深刻的事情與季節產生關連）。What?When?Where?with Who?How?	【定義問題】現況
第三段：轉	還有哪些希望在高中階段完成的事情？為何會希望完成？計劃運用哪些方法來順利完成？完成的過程中，有可能發生哪些後遺症、會與哪些利害關係人產生互動與影響？自己又該運用哪些配套措施來減少後遺症的發生，使自己與對利害關係人有更好的互動模式與結果？How?What?Why?What?	【問題解決相關對策提出】【對策的實施因時間遞延的關係，在實施的過程中產生後遺症】【連帶受到影響的相關利害關係人】採取行動→時間滯延→產出結果

段落（文章架構）	段落大意	對應系統思考流程圖
第四段：合	重複季節帶給自己感官的感受與記憶的連結來呼應第一段的內容，除了說明不會忘記高中生活帶給自己的成長，也會帶著這寶貴的記憶勇敢前行，踏上大學之路。 What?Why?What?	【定義問題】現況與理想之間的差距減少（問題已經解決或已經改善）

2. 108年大學學測國寫第二大題：題目「感恩的心」

甲

　　（陶潛）為彭澤令。不以家累自隨，送一力給其子，書曰：「汝旦夕之費，自給為難。今遣此力，助汝薪水之勞。此亦人子也，可善遇之。」（《南史‧隱逸‧陶潛傳》）

> 力：勞力、人力
> 旦夕之費：日常的花費
> 薪水：打柴汲水。

乙

　　飯後，眾人各自有事離去，留下貞觀靜坐桌前默想。她今日的這番感慨，實是前未曾有的。

　　阿啟伯摘瓜，乃她親眼所見。今早，她突發奇想，陪著外公去巡魚塭，回來時，祖孫二人都在門口停住了，因為後門虛掩，阿啟伯拿著菜刀，正在棚下摘瓜，並未發覺他們，祖孫二個都閃到門背後。貞觀當時是真愣住了，在那種情況下，是前進呢？抑是後退？她不能很快作選擇。

　　然而這種遲疑也只有幾秒鐘，她一下就被外公拉到門後，正是屏習靜氣時，老人家又帶了她拐出小巷口，走到前街來。

　　貞觀人到了大路上，心下才逐漸明白：外公躲那人的心，竟比那偷瓜的人所做的的遮遮掩掩更甚！

　　貞觀以為懂得了外公的心意：他怕阿啟伯當下撞見自己的那種難堪。

　　事實上，他還有另一層深意，貪當然不好，而貧的本身沒有錯。外公不以阿啟伯為不是，是知道他家中十口，有菜就沒飯，有飯就沒菜。（改寫自蕭麗紅《千江有水千江月》）

　　讀甲、乙二文，分項回答下列問題：

問題 (一)：請根據甲、乙二文，分別說明陶潛對於人子、外公對於阿啟伯的善意。文長限120字以內（至多6行）。（佔7分）

問題 (二)：陶潛或者外公對他人的善意，你可能也曾見聞或經歷過，請以「溫暖的心」為題，寫一篇文章，分享你的經驗及體會。（佔18分）

說明：

一、本題的第二小題題幹說明提及，希望考生能參考「陶潛或者外公對他人的善意」，來書寫自己是否也曾經有過類似的見聞或經歷，來完成一篇作文。因此我們必須先清楚，到底「陶潛或者外公對他人的善意」是什麼？接著我們才能回顧自己的成長歷程或記憶，是否也有這樣的故事？

二、因本題的測驗目標是以情意的抒發為主，若要藉由系統思考來協助考生完成作文架構，必須先設定好此作文想要解決的問題，然後對照現況、擬定措施、考量後遺症及利害關係人之間的關係，就可以完成作文的架構。因為「陶潛或者外公對他人的善意」指的是：能

以同理心站在對方的立場思考，並且體貼對方的難處，設身處地為對方做一些事情。筆者就以「一次英文話劇比賽，班上同學為了讓自己能擔任主角，而故意說自己對於擔任話劇的導演比較有興趣，而讓自己在話劇比賽大出風頭，得到最佳女主角獎。最後真相大白時，自己內心感到十分溫暖作結」為例，示範如下：

段落（文章架構）	段落大意	對應系統思考流程圖
第一段：起	第一段：先說明人活在世界上，除了最基本的生存條件的滿足以外，更重要的是希望能被在乎的人接納、重視與關懷，也就是希望對方與自己都能有一顆溫暖的心，溫暖自己也溫暖別人。	【定義問題】現況
第二段：承	第二段：回想在高一英語話劇比賽準備工作時，班上同學發生了哪些矛盾與爭執？原因是什麼？為什麼會有這些衝突的發生？What? Why?	【定義問題】現況
第三段：轉	承上段，話劇比賽最後決定話劇的女主角的過程What?為什麼會有這樣的結果Why?在話劇排演的過程，自己與班上同學如何合作完成話劇比賽的準備與成功的演出？過程中又發生了哪些後遺症？與哪些利害關係人有哪些互動與衝突？又在什麼樣的情況下發現擔任導演的同學，如何放棄自己一直以來準備擔任話劇女主角的夢想的事實，而為了成就自己好朋友能在話劇比賽擔任女主角的夢想而放棄自己夢想的過程？自己與好友的對話與互動過程？自己對這樣的事實如何感到溫暖？在這個過程中又發生了哪些後遺症？與哪些利害關係人有哪些互動與衝突？	【問題解決相關對策提出】【對策的實施因時間遞延的關係，在實施的過程中產生後遺症】【連帶受到影響的相關利害關係人】採取行動→時間滯延→產出結果

段落（文章架構）	段落大意	對應系統思考流程圖
第四段：合	總結上述的問題解決最終結果，再次強調自己對高中好友的犧牲感到不捨與感謝，並且回應本文的主旨—溫暖的心，說明因為自己好友的善意，帶給自己無限的溫暖，期許自己也能成為帶給別人溫暖的人作結。What?（好友帶給自己的溫暖感受？）Why?（為什麼會有這種感受？）How? What?（經過這次的經驗，在未來自己如何也成為一個能帶給他人溫暖的人？該如何做到？	【定義問題】現況與理想之間的差距減少（問題已經解決或已經改善）

五、結語

　　以上僅提供我們在學習系統思考方法的過程中，試圖應用在個人高中作文教學及指導學生準備學測作文的一些心得，目前遇到的問題主要還是學生們對於「系統思考」的先備知識上不夠充足，因此在正式上作文課之前，必須先教會學生理解什麼是系統思考？系統思考的運作原理為何？接著才能說明如何將系統思考應用在作文架構的建立上面。另外，在實際操作時，學生們必須花一些時間練習將作文的架構與系統思考的步驟加以結合，最後則是學生必須在用字遣詞上多下功夫，畢竟這是最基礎語文基礎，更是系統思考這個抽象的思考方法在中文寫作上無法具體給予幫助之處。

註一：108年學測國寫評分標準

一、第一大題：知性統整

【評分原則】

　　第一大題分二小題，第一小題要求考生根據國民健康署的兩份圖示，說明欲針對18歲（含）以下學生進行減糖宣導時，列出最優先宣導

對象及其理由。第二小題要求考生對於「中、小學校園禁止含糖飲料」提出看法與論述，贊成或反對立場均可。

【A級分數】

　　凡能依據圖示正確說明宣導對象，理由具體而清晰，且對「中、小學校園禁止含糖飲料」言之有理，論述清晰，文辭精練者，得「A級」（22~25分）。若條理分明，論述扼要，文辭暢達者，可得「A級」（18~21分）。

【B級分數】

　　若能依據圖示說明宣導對象與理由，惟敘述欠具體清晰，但對「中、小學校園禁止含糖飲料」論述合理，文辭得宜者，得「B級」（14~17分）。若論述普通，文辭平順者，則得「B級」（10~13分）。

【C級分數】

　　若略涉及宣導對象或理由，惟未引用圖示資訊，或說明紊亂，且對「中、小學校園禁止含糖飲料」論述空泛，文辭欠平順者，得「C級」（9~6分）。若論述雜亂，文句不通者，則得「C級」（1~5分）。

【斟酌扣分】

　　各題評定分數後，再視字數是否符合要求，錯別字是否過多，斟酌扣分。

二、第二大題情意感受

【評分原則】

　　第二大題分二小題，第一小題要求考生閱讀甲、乙二文之後，「分別說明陶潛對於人子、外公對於阿啟伯的善意」。第二小題要求考生以「溫暖的心」為題，寫一篇文章，分享自己的經驗及體會。

【A等分數】

　　凡能同時說明陶潛對於「人子」、外公對於阿啟伯的心情，解讀深刻，文辭優美，且文章能深刻描述經驗，及從經驗中所獲得的體會，敘寫生動，結構謹嚴，文辭優美者，得「A級」（22~25分）。若能同時說明陶潛對於「人子」、外公對於阿啟伯的心情，解讀適切，文辭順暢，且文章能適切描述經驗，及從經驗中所獲得的體會，敘寫細膩，結構穩妥，文辭順暢者，可得「A級」（18~21分）。

【B等分數】

　　若能同時說明陶潛對於「人子」、外公對於阿啟伯的心情，解讀穩妥，文辭平順，且文章能充分描述經驗，及從經驗中所獲得的體會，敘寫具體，結構適當，文辭平順者，得「B級」（14~17分）。若能說明陶潛對於「人子」或外公對於阿啟伯的心情，解讀大致合理，文辭尚可，且文章能描述經驗，及從經驗中所獲得的體會，敘寫平實，文辭大致通順者，則得「B級」（10~13分）。

【C等分數】

　　若說明陶潛對於「人子」或外公對於阿啟伯的心情，解讀不切情理，文辭不佳，且文章經驗及體會敘寫浮泛，或偏離焦點，文辭欠通順者，得「C級」（9~6分）。若無法掌握題旨，解讀不當，文辭拙劣者，則得「C級」（1~5分）。。

【斟酌扣分】

　　各題評定分數後，另視標點符號的使用與錯別字的多寡，斟酌扣分。另外若未遵守作答區規定，從第一大題作答區開始寫作第二大題者，則扣1分。資料來源：大考中心「108學年度學科能力測驗國語文寫作能力測驗閱卷評分原則說明」。

註二：107年學測國寫評分標準

一、第一大題：知性統整

【評分原則】

　　第一大題分二小題，第一小題要求考生根據實驗結果的圖示，說明為何「人們比較會記得資訊的儲存位置，而比較不會記得資訊的內容」。第二小題則要求考生針對網路資訊對人們記憶力、思考力、創造力利弊的不同觀點，提出自己的看法。

【A級分數】

　　凡能正確判讀實驗結果圖示，分析理由正確適當，且能針對網路資訊，提出自己的看法，論述精當，層次井然，文辭精練者，得「A級」（22~25分）。若論述清晰，條理分明，文辭暢達者，可得「A級」（18~21分）。

【B級分數】

　　若分析理由大致正確，針對網路資訊的利弊，論述合宜，文辭通順者，得「B級」（14~17分）。若論述大致合理，文辭尚稱平順者，則得「B級」（10~13分）。

【C級分數】

　　若分析理由紊亂不清，針對網路資訊利弊，論述空泛，文辭欠通順者，得「C級」（9~6分）。若論述雜亂，文句不通者，則得「C級」（1~5分）。

【斟酌扣分】

　　各題評定分數後，再視字數是否符合要求，錯別字是否過多，斟酌扣分。

二、第二大題：情意感受

【評分原則】

第二大題分二小題，第一小題要求考生從詩句中的感官知覺與情感轉變，說明楊牧該篇新詩為何命名為〈夭〉。第二小題則要求考生以「季節的感思」為題，寫一篇文章，描寫自己對季節的感知經驗，並抒發感受與體會。

【A等分數】

凡說明命名緣由精當，且針對季節感知經驗、感受與體會，敘寫細膩，結構嚴謹，文辭優美者，得「A級」（22~25分）。若說明緣由正確，季節感思敘寫生動，結構穩妥，文辭順暢者，可得「A級」（18~21分）。

【B等分數】

若說明緣由尚稱正確，對季節感思之敘寫平實，結構適當，文辭平順者，得「B級」（14~17分）。若說明緣由不甚正確，對季節感思的敘寫平淡，結構大致合宜，文辭大致通順者，則得「B級」（10~13分）。

【C等分數】

若未能正確說明命名緣由，對季節的感思，敘寫不具體，結構較鬆散，文辭未盡通順者，得「C級」（9~6分）。若解讀不當，未說明命名緣由，敘寫雜亂，結構鬆散，文辭不通，內容貧乏者，則得「C級」（1~5分）。

【斟酌扣分】

各題評定分數後，另視標點符號的使用與錯別字的多寡，斟酌扣分。另外若未遵守作答區規定，從第一大題作答區開始寫作第二大題

者，則扣1分。

　　資料來源：大考中心「107學年度學科能力測驗國語文寫作能力測
驗閱卷評分原則說明」

註三：傳統學測國文作文評分標準

【國文作文評分標準】

級分	原始分數	特　　　　點
六	86分以上	①能依據題目要求選取適當材料（切合題目） ②文章段落結構完整，首尾呼應（不矛盾） ③能正確使用語詞，並能正確運用修辭 ④少有錯別字，標點幾乎完全正確
五	81~85分	①能依據題目要求選取適當材料（切合題目） ②文章段落結構大致完整，格式正確 ③能正確使用語詞，文句大致通順 ④少有錯別字，標點大致正確
四	70~80分	①能依據題目要求選取適當材料 ②文章段落結構不夠完整，勉強能點出題旨 ③能正確使用語詞，文意表達還算清楚，但有冗言 ④偶有錯別字，標點偶有錯誤 ＊全文看得懂，但不夠好＊
三	60~69分	①嘗試據題目要求選適當材料，但未能依照題目發揮 ②文章段落結構鬆散，首尾不太連貫，冗言贅詞多 ③用詞不夠精確，文句不太通順 ④錯字多，標點錯誤，造成理解困難
二	50~59分	①嘗試據題目要求選適當材料，但內容未能依照題目要求發展，文章格式有錯誤 ②文章段落鬆散，首尾不連貫，冗言贅詞多 ③用詞錯誤，文句單調反覆，不夠通順，過於口語化 ④錯字多，標點嚴重錯誤，造成理解困難

級分	原始分數	特　點
一	50分以下	①嘗試據題目要求選適當材料，但內容未重新組織，文章格式嚴重錯誤 ②內容太少，段落不清，無法辨認結構 ③用詞錯誤，甚至完全不恰當，表達能力不佳 ④錯字頗多，標點嚴重錯誤，影響閱讀
○	①空白②離題③只重抄題目說明④缺考	

第 5 章

輕鬆開發：學科單元系統思考教學與命題設計——以公民與社會科為例

李政熹

《第三波》（*The Third Wave*）與《大未來》（*Powershift*）的作者艾文‧托佛勒（Alvin Toffler）指出當代西方文明為解決問題而發展出來的高超技巧切割法，就是將問題分拆、割裂到不再小的單位。我們非常精通此技，以致常常忘記了將那些碎片重整到原來的一體。流於表象片面的辯論／決策都是忽略全貌且去脈絡的行為（Donella H. Meadows）。

5-1 系統思考與公民和社會科核心素養關係

以下我們用六個面向來探討系統思考與公民和社會科核心素養關係。

一、培養學生具有獨立思考與問題解決能力

公民與社會科最重要的任務是培養學生具有獨立思考與問題解決能力，而培養此一能力的最佳思考工具就是系統思考。教育學生熟練地運用系統思考的思考工具，提升學生對於國家公共政策的思考與批判，使公民社會可以健全發展，讓學生擁有終身學習的能力，能夠統整各種知識，並且尊重民主政治制度，使學生都能獨立思考，成為一個合格的公民，是公民與社會科最終課程目標。

二、系統思考工具發展與公民與社會課程

公民與社會課程教師教授系統思考課程時，課程發展的思維建議如下：

1. 先確定公共政策議題的利害關係人為何？
2. 提出所想解決或解釋的問題為何？
3. 導入本書系統思考之八爪章魚覓食術，有助於教師加快備課速度，且方便課程內容做更清晰的解說，八爪章魚覓食術具體操作方法請

見本書第二章與第三章。採用八爪章魚覓食術的好處是這個方法能夠引導學生思考一下有無後遺症或反效果的產生，因為許多政策的執行常有後遺症或反效果現象，所以，我們才會不斷引用英國知名經濟學家和政治哲學家海耶克（Friedrich August von Hayek）所說的一句話：「通往地獄的路，都是由善意鋪成的」，例如一例一休，政策的出發點應是善意的，但現今這個政策引發的各種後遺症或反效果層出不窮，孫子說：「智者之慮，必雜于利害」就是這個道理。

4. 考慮時間滯延的影響。許多問題解決對策實施後不會立即顯示結果，尤其是公共政策，通常在一段時間發展後，才會出現成功或失敗的結果。瞭解時間滯延的影響程度，再來進行分析才會客觀與理性。

5. 當我們對於所有問題與後遺症通盤瞭解以後，便能有效描繪出系統思考的因果關係迴路圖形。根據圖形可以看到問題的全貌，以利建構更具體的政策配套措施。

三、核心素養非選擇題能評鑑學生真正的能力

過去至今，我們的大學入學考試都以選擇題為主要評鑑學生知識能力的方法，缺乏對問題的思考與批判，無法評鑑學生的知識統整性與個人的想法。面對未來職場的多元問題，若沒有問題解決能力，將導致學生畢業後職場勝任力偏弱。如何解決上述問題，培養學生具有系統思考能力以有效提升問題解決能力、勝任力與批判力，才是我們必須關注的重點。

為何學生最需要職場上的判斷力、勝任力（Competency）和問題解決能力？事實上，職場的問題具有多元無法分割與複雜的特性，需要用系統整合的思維來解決。如果學生在學校沒有受過系統整合的思維訓練，進入職場後當然無法立刻適應，職場訓練期將拉長，也形成企業的

人力成本上升。企業是講求效率與成本的營利組織，當然無法忍受這種情況發生，不但形成學生在職場上的挫折與打擊，更直接造成失業的風險性增加。有鑑於此，唯有強化系統思考訓練才能迅速進行系統整合的工作以掌握問題全貌，並且擬定相應的對策與配套，達成見樹又見林的思維目的。

未來大學入學考試的考試題型將朝素養方向發展，並嘗試導入以情境式命題的非選擇題，這是很正確的方向。綜觀鄰近國家都已經開始以非選擇題作為考試的重心，理由無他，即因為非選擇題容易導入情境，有利評鑑學生知識整合運用能力與跨領域、跨學科知識。所以學生必須瞭解素養題目的問題核心與關鍵字彙，進而掌握問題的全貌，然後才可能正確作答。我們相信經過系統思考與問題解決訓練的學生將能從容完成這樣的作答任務。

四、主題式素養題型與系統思考

主題式素養題型之所以會成為未來重要的考試題型，乃因主題式素養題可以進行廣泛的跨學科領域與跨冊考題設計，訓練學生對知識的統整性，有利於培養學生的職場勝任力與批判力（判斷力）。這是選擇題所不能夠評鑑的能力，因為選擇題題型的思維已經在答案選擇項中被框住，學生只能進行知識記憶、理解與分析工作，無法進行更高層次的評鑑，而對問題的評鑑與批判才是培養一個具備獨立思考能力的公民最重要的知識。

五、老師具備系統思考知識有利於教學

老師如果接受過系統思考八爪章魚覓術的訓練，將可以迅速應用在教學與考試命題上。尤其是在非選擇題型上，教師必須具有系統思考能力才能有效設計出成功的題目。另一方面，老師跨領域備課與走出課本已經是未來趨勢，老師透過八爪章魚覓食術，不但可以統整本學科的知

識，更重要的是可以適度延伸至其他跨領域學科的知識，建構一個多元領域的知識體系，進而發展出一套知識管理。以公民與社會科的範疇而言，公民與社會的基本知識領域分為社會、政治、法律與經濟。每一個領域皆有數個學科，每一個學科都有其專業領域。當我們在課堂上講解公共政策時，老師必須在系統思考架構下瞭解公共政策的母學是行政學，而比行政學更基礎的學科是政治學。這時，老師講課時的寬度與廣度就更大了，同時出題難度、寬度與廣度也會增加，如此學生便可以得到更豐富的知識體系。

　　民國111年的素養命題將採取選擇題與非選擇題合併命題，所以學生答題時必須具備基本知識能力（選擇題）與分析批判力和判斷力（非選擇題）。考題趨勢將可能朝向題數的減少，題組題的題幹文章變長，且要求學生對於文章提出自己的看法。尤其是公民與社會、歷史、地理科都會改變題型，核心素養非選擇題將是學生的最大挑戰。此時，系統思考八爪章魚覓食術將會是化繁為簡的最佳利器。

六、學校應開設素養導向通識課程

　　學校應該開設素養導向通識課程，以利學生培養多元能力與知識。素養是學習能力與知識的遷移。知識遷移則是以基本知識做水平與垂直的發展。例如以公民與社會科的經濟學而言，垂直上下的知識就是總體經濟學與個體經濟學，而水平遷移的學問有國際關係、兩岸關係、環境生態、政治學、法律學等。開設核心素養導向的選修科目就是要讓學生瞭解各種學問與知識，未來具備多元問題解決能力，俾利職場競爭與勝任力。

5-2　八爪章魚覓食術在資優班研習營隊實際應用案例分享

　　即使是資優學生，沒有接受過系統思考訓練，他們依然是一般的學

生。

　　國民及學前教育署（簡稱國教署）於民國104年辦理HOLIDAY CAMP資優班研習營隊。此活動是全國高中數理與語文資優班學生參與的營隊。活動主要重點是教導這群資優高中生使用思考工具以解釋與解決許多臺灣的社會現象，是一項極具意義與啟發性的活動。本書作者李政熹老師受邀參加，並且擔任小組輔導員的任務。李老師在擔任此研習活動輔導員期間，使用八爪章魚覓食術與系統基模教導這群來自宜蘭、臺中、新竹、雲林各校的資優生後，得出以下幾項感想：

一、即使是資優學生，沒有接受過系統思考訓練，他們依然是一般的學生。這群資優生面對問題，常使用樹狀圖或一般系統性思考圖來解決問題（如圖5-1、5-2），但他們已經比一般的學生更具備資訊統

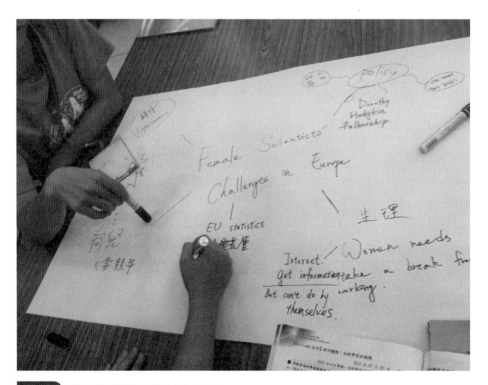

圖5-1 使用樹狀圖解釋社會現象

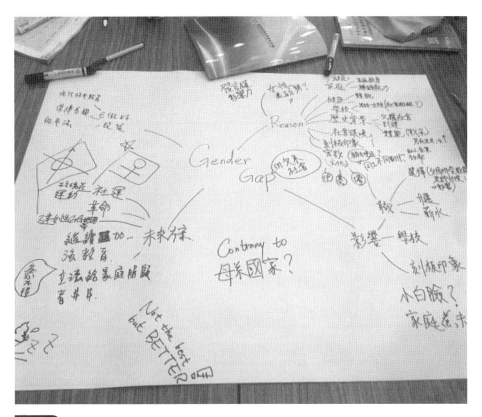

圖5-2　使用一般系統性思考來解決問題

整能力。

二、李老師用約4個小時，解釋並帶領學生演練八爪章魚覓食術與系統
　　基模，也當場利用現場講師所提的問題，請這群資優學生運用，得
　　出很好的結果。圖5-3與圖5-4為兩組資優高中學生繪製性別平等議
　　題的成果。圖5-3這一組使用常用的樹狀圖來解釋性別平等的社會
　　現象。雖然他們已經可以使用優於一般高中生的思考與統合能力，
　　但畢竟只是由樹狀圖來爬梳歸納，解釋性別平等定義，而非問題解
　　決。

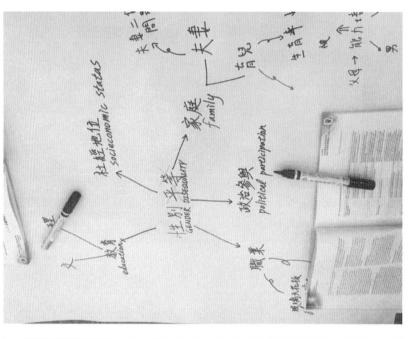

圖5-3 樹狀圖圖解釋性別平等問題

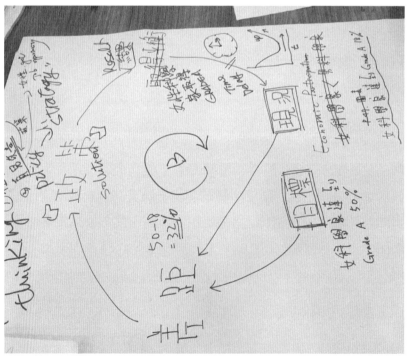

圖5-4 系統思考圖圖解釋性別平等問題

圖5-4這一組運用章魚頭的現況、目標、差距、對策與產出之架構與思維分析文章的重點，再佐以現況、目標與差距的數據呈現，使這一組的問題分析更具深度，結構性更強。而使用樹狀圖的小組只能進行定義的發散，無法解釋因果關係、對策與結果的分析。這是因為系統思考方法強調因果關係回饋的發散與收斂，透過發散與收斂建立結構性強的分析。

三、這場HOLIDAY CAMP資優班研習營隊的第二日，請各組針對一項議題發表15分鐘的解說，各組可以使用PPT或壁報紙等道具來解釋該組所研究的議題（參照圖5-5）。李老師帶領的小組依然使用系統思考八爪章魚覓食法（圖5-6、圖5-7），分析有關糧食供給問題與危機的公共政策題目。圖5-5與圖5-7相比較，使用PDT的小組成員解釋問題採取條列式資料彙整，而李老師的小組學生因為已經對八爪章魚覓食術熟悉，所以李老師便進一步教導他們系統基模的概

圖5-5　他組使用條列式講解該題目解決方法

圖5-6 使用系統思考進行問題解決

　　念（如目標趨近、目標侵蝕與飲鴆止渴等），讓他們在圖形解說更
　　具深度，並且提出政策的配套措施讓整個問題解決的架構更完整，
　　如圖5-7。

四、教師在指導這群資優高中生時，仍以這群學生為主體，而非以教師
　　為主體。如何將選定的議題運用系統思考工具去發散或收斂，過程
　　中教師只在旁以協助者、支持者與諮詢者的立場來進行引導。因為
　　這群資優高中生從來沒有聽過八爪章魚覓食術與系統思考基模，所
　　以教師先幫這群高中生搭起知識的鷹架，在經過幾小時的講解後，
　　這群高中生已經可以理解這種思考工具，進行議題分析。當然，不
　　可否認的，學生的學習企圖心、領悟力與學習態度是成功的重要關
　　鍵因素。

五、由以上的實際案例，我們觀察到使用一個生動有趣、簡單的方法

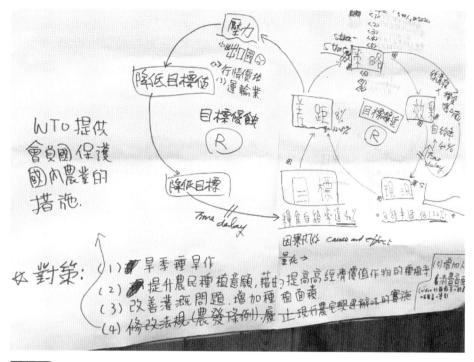

圖5-7 八爪章魚覓食術搭配系統基模解說（題目：如何解決糧食供給與危機問題）

（如八爪章魚覓食術）來引發學生的學習興趣，接著實際應用在專題上來啟發學生的思維與培養問題解決能力，是具體有效的教學做法。

5-3　公民與社會科使用系統思考進行教學發展

一、提問是發展系統思考教學與核心素養的第一步驟

由於大學入學考試的命題題型仍以選擇題為主要考測方式，無法讓學生有獨立思考的機會，所以學生大多不會思考，也不想思考。因此，我們都會舉一個簡單，且學生都有的經驗（如：生病）來解釋何謂系統

思考。我們會在課堂上提出一個問題：「請大家先思考當你生病時，很痛苦，全身不舒服，可能出現發燒、頭痛、拉肚子等身體不舒適的症狀時，你會如何解決不舒服的情況？你應該會去看醫生，這時醫生會對你問診，然後開藥，經過治療，你逐漸恢復健康。還有醫生開藥會不會對你有其他反效果或後遺症？你有沒有想過，其實醫生診斷治療過程就是系統思考迴路的現象。」由於所有的學生都能體會這種情況，所以能產生共鳴，此時就可以教導他們運用八爪章魚覓食術來繪製上述生病與恢復健康和後遺症的系統思考圖，如圖5-8所示。

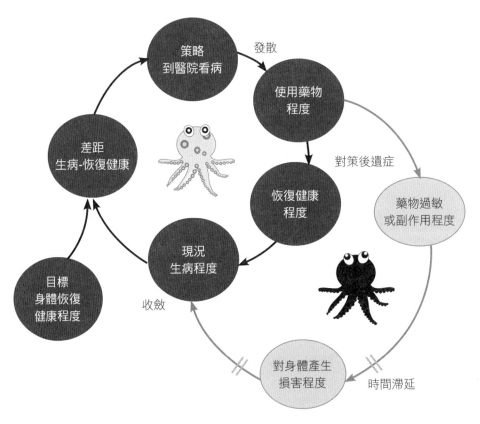

圖5-8 生病與恢復健康和後遺症的系統思考八爪章魚覓食圖

接著我們會繼續提問，引導學生思維逐漸加深加廣。

問題1：「你們生病後，去醫療院所看病都會攜帶健康保險卡，對吧？什麼是健康保險卡？」（先讓學生理解他生活周遭的重要事務）

問題2：「是不是世界上的國家都有類似我們這種健康保險卡制度？」（提醒學生，生活在臺灣是一件很幸福的事，讓他們產生國家認同感與驕傲感）

問題3：「如果沒有健康保險卡制度，我們是不是要花更多錢去看病？富有的人當然沒問題，他有錢看病。但如果是窮人呢？沒錢可以看病，就只能讓病情惡化嗎？政府在這裡應該扮演何種角色？」（提醒學生社會應該要有的公平正義思維）

問題4：「健康保險制度是如何建立？當初，我國政府是以何種思維來推動這項公共政策？」（告訴學生，一個具體落實的公共政策過程）

問題5：「全民健康保險是一種左派或是右派思維嗎？為什麼？」（請學生思考一項公共政策建立的哲學。如果公共政策沒有堅實的哲學思想，很容易就會在批判中夭折。我們也嘗試告訴學生一件事——哲學思想看起來抽象，卻是具體的根基）

再舉一個課堂上的例子。當我們談國際關係時，常會談到國際恐怖攻擊事件，會向學生提問有關美國反恐戰爭：「美國歷經911事件以後，反恐戰爭成為美國國家安全重要任務之一。所以，美國投注很多金錢、人力資源和各種情報進行反恐。可是，越是反恐，恐怖攻擊反而越多，為什麼呢？」「恐怖主義是如何產生的？」「很多人都把伊斯蘭教和恐怖主義聯想在一起，合理嗎？公平嗎？伊斯蘭教的教義是什麼？」

（透過一連串提問，啟動學生的大腦思考，讓他們關心國際局勢，尤其臺灣的學生一向都不太關心世界局勢）這種一連串追問就是素養教學的一部分。

二、教師進行系統思考法教學步驟

1. 教師進行系統思考教學時，先探究何謂系統的基本定義。教師應以許多例證來說明系統的定義、範圍與效用。再分析系統與系統之間的關聯性與系統所產生的功能。例如：本書提及的呼吸系統就是很好的課堂例證。

2. 教師接著講述系統思考因果關係圖形。公民與社會學科教師常會以國家的公共政策為主軸，講述國家有關社會、政治、法律與經濟公共政策的始末與其造成的實益。系統思考八爪章魚覓食術教學法剛好可以動態化地表現國家公共政策的問題、制定、實施與效益。

3. 國家公共政策係因為公共問題產生之後，政府為了解決此問題才發展出公共決策。因此，在制定公共政策以前，會先分析與瞭解問題的現況。

4. 瞭解問題現況以後，接下來就是提出公共政策欲達成的期望，我們又稱為目標。縱觀大多數的公共政策都有制定計畫與方案所要達成的目標。如果計畫或方案沒有目標，制定公共政策將毫無意義，也會浪費國家資源與公帑。

5. 現況與理想目標之間總是會產生差距，而這個差距將讓你想要採取某些措施或行動來加以改變。這些措施實施後會產生一些效果去影響現況。最後，目標與現況之間的差距將逐漸消失。

6. 教師講述系統思考圖形時，因果回饋概念必須強調說明。所謂因果關係回饋就是指每一個區塊都會影響下一個區塊，而這個影響最終會回到自己身上。

7. 講解此因果關係回饋圖形時，那些帶有箭頭 ——→ 的連接線會

解讀成影響的意思。所謂影響，即因A而造成B。試舉例一教案：「改變歷史的病毒——西班牙人與阿茲特克人」。阿茲特克人（Aztec）是墨西哥人數最多的一支印第安人，屬蒙古人種美洲支。歐洲人來到新大陸的同時，也將美洲原住民從未患過的各式傳染病帶上了岸。抗疫能力較差的阿茲特克人在遭到以天花為主的「新型」傳染病的影響後，人口從1,500萬驟降至300萬，使得瘟疫成為阿茲特克帝國迅速衰落的原因之一。（維基百科：阿茲特克帝國）由以上的資料，我們可以使用系統思考講解病毒係造成阿茲特克帝國滅亡原因之一。（圖5-9改變歷史的病毒——西班牙人與阿茲特克人之系統思考因果回饋圖形。此圖參考資訊：大愛醫生館，簡守信，改變歷史的病毒，2010年11月6日，YouTube.com。）教師應向學生提出問題：

(1) 為何西元1500年代的西班牙要到處尋找原料與市場？

(2) 阿茲特克人是一個非常驍勇善戰的族群，當時人口數約1,500萬人，為何會輸給少數的西班牙人，除了西班牙槍炮厲害以外，還有其他重要因素嗎？

8. 教師透過系統思考八爪章魚覓食術的因果關係回饋圖形講解社會科學的歷史事件時，先提出當時的現況及當代的環境背景，並且跟學生討論與講解當時的歷史目標，再瞭解提出的策略與後來的歷史發展。教師還可以進一步製作課程影片，放在YouTube或Facebook上，請學生先預習，下次在課堂上，以系統思考八爪章魚覓食術的因果關係回饋圖形，配合影音資料，翻轉整個教學活動，使課程更有效率，學生學習情境更好。

9. 如果教師學習系統思考教學法，將有機會提升學生的知識統整能力，其所獲得的成果是學生的理解能力增加，課業成績進步，當學生熟悉這種學習方法後，學生的成績進步，自信心提升，自然就不會害怕學習，也讓學生對未來的問題挑戰更有信心。彼得‧聖

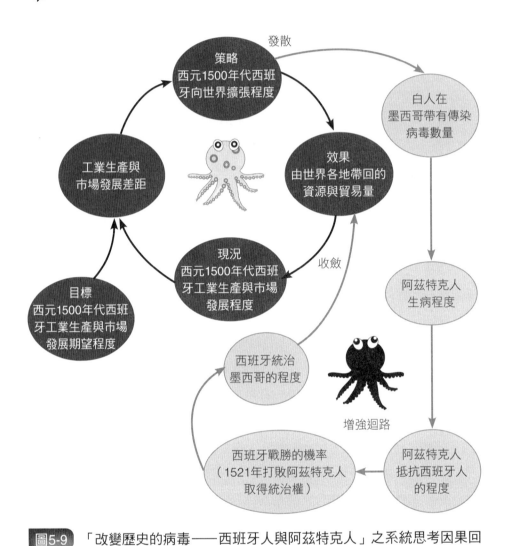

圖5-9　「改變歷史的病毒——西班牙人與阿茲特克人」之系統思考因果回饋圖形

吉（Peter Senge）和丹尼爾・高曼（Daniel Goleman）曾說：「目前有許多學校都證明，藉由創新的教學方法，能開啟尚未好好開發利用的系統智能。培養系統智能不僅可以幫助學生在社交與情緒學習裡，更加專注於自我內心世界和他人，還能擴張到許多需要系統

思考的學科，例如物理、化學、歷史、人文社會等學科知識背後的脈絡就是系統思考。只要教法得當，學生在獲得系統思考能力的同時，也會提升對效能的敏感度，這些能力都會讓他們更有信心，面對現今時代各式各樣的社會與環境難題」。（未來教育新焦點，第105頁，2015年3月）。

三、學生為課程中心，老師是支持課程發展者

　　所有教學活動必須以學生為其課程主體，教師並非課程中心。依據佐藤學教授的學習共同體概念，「學習共同體」將原本傳統面向教師的課桌椅排列，由井字形改為U字形課桌椅排列，這樣可以方便隨時討論，進行小組學習。但根據我們的操作經驗，倒也不一定要採U字形課桌椅排列，重點在於教師有無引導的能力。教師的任務是進行知識的觸媒，透過聆聽與對學生發問問題，同時觸發學生和老師的思考，讓老師融入學生的學習領域，並給予孩子歸屬感，幫助孩子思考得更深刻。教師在整個教學活動中只是一個引導者與啟發者，並非如同演講教學一樣，滔滔不絕地講課，如此學生便無法從做中學，當然就對整個教學活動興趣缺缺，導致教學效果不理想。整個教學活動，講師或教師僅站在引導學生的地位，以學生為主體，學生進行所有練習的時候，講師或教師只從旁觀察與協助，讓學生自己思考、分析與解決問題。

四、課程講解以前，必須先搭起鷹架

　　蘇聯心理學家維高斯基（Lev S. Vygotsky）對認知發展提出一種理論。根據維高斯基的這種觀點，布魯納、羅斯和吳德（Bruner, Ross & Wood）於1976年將兒童得自成人或同儕的這種社會支持隱喻為「鷹架支持」（scaffolding），強調在教室內的師生互動歷程中，教師宜扮演社會支持者的角色，猶如蓋房子時鷹架的作用一樣。講師講解所有的課程概念，學生必須先精熟課程的工具。如果學生先備知識不完備，當然

無法討論問題，所以先備知識最為重要。

五、課程發展規劃，應該在每個概念講述之後，讓學生有練習機會

每一個概念講述完成後，學生應該有10分鐘的時間進行概念重整與反芻。最好的方法是老師講解完畢後，老師應該提出一個題目，讓學生自行進行概念發展與練習。學生如果也發現問題，不應該立刻舉手請求講師的援助，而是先自行解決問題。教師觀察到學生真的無法自行排除問題時才介入協助。每一個概念經過學生與教師共同合作後，整體課程的內容漸趨瞭解。此時，教師再提出一個較為複雜的問題請學生解決，以利逐步精進。

六、進行系統思考課程活動時，可以分成兩個階段

第一階段應以小組團隊合作的教學形式進行。最理想的人數為3到4人。因為小組人數太多，會出現勞逸不均的情況。因此，應該以3到4人為基準。每一個小組解決教師所提出的問題時，小組自然而然會出現意見領袖，主導整個小組的運作。教師也可以從旁觀察小組的團隊合作效能。第一階段是以講述系統思考八爪章魚覓食術的教學法為主，使用與他們相關的簡單生活應用案例，如：減肥、補習等等。第二階段協助學生得到系統思考八爪章魚覓食法知識後，可以整合較為複雜的架構，解決教師所提出更複雜的問題，如前述公共政策等問題。我們教學觀察的結果，顯示學生遇到問題的時候，不再是直線思考，而是會把欲解決的問題或題目看成因果回饋圖，經由分析現況、目標、差距、對策、時間滯延、後遺症或反效果等關鍵字來解決問題。第二階段參與人數可以組織6到8人為一個團隊。請學生把教師所擬定的複雜專題進行理解、分析，並提出對策與避免對策產生後遺症或反效果的配套措施。

5-4　八爪章魚覓食術素養命題設計

一、各級入學考題走向核心素養導向之理由

1. 因為知識更新速度變快，課綱必須跟上知識更新速度。知識更新周期是指知識更新一次所用的時間，是衡量世界總體發展速度的重要指標，隨著社會的發展，知識更新周期越來越短。聯合國教科文組織曾經做過一項研究，結論是：「現代通信技術帶來了人類知識更新速度的加速。在18世紀時，知識更新周期為80～90年，19世紀到20世紀初，縮短為30年，上個世紀（20世紀）60～70年代，一般學科的知識更新周期為5～10年，而到了上個世紀80～90年代，許多學科的知識更新周期縮短為5年，而進入新世紀（21世紀）時，許多學科的知識更新周期已縮短至2～3年。」（摘錄自智庫百科：知識更新周期）我們已經不可以使用舊知識教導學生面對未來的挑戰。

2. 為什麼要採用情境式命題？（1）為了要評量學生學科素養，瞭解探究能力能不能遷移到陌生的情境。（2）瞭解學生在生活情境中運用知識的能力。

3. 108年大學學測歷史、地理、公民三科結合的整合題型考出11題，比107年大學學測8題多出3題，可見已是命題趨勢。此外，也考學生熟悉的時事議題，如中美貿易爭端；柬埔寨近年政經穩定，要考生思考臺商應如何擬定最佳因應方案；龜山島風向如何影響海岸變位；勞團對勞基法修法草案有利外籍勞工感到不滿；坊間俗稱「臺灣只有海鮮文化、沒有海洋文化」等議題，可說是非常貼近生活。（聯合新聞網，https://udn.com/news/story/7266/3614798）

二、主題式命題與教學

1. 考試命題要先談主題式教學。

　　我們以芬蘭的考題進行說明。芬蘭以什麼模式在進行主題式教學？進行的如何？給出一個車禍的背景故事，問學生「假設車上的乘客衝撞後，傷到肝臟、胰臟，會出現什麼症狀？」（這是生物科的考題）「作為到場的交通警察，看到撞到的盆栽飛出10公尺外，可以推測出當時的車速應該多快？」（這是數學考題）「若駕駛是為了躲避衝出馬路的小孩才撞到左側來車，你覺得該受罰嗎？」（這是公民與社會科考題）這些問題讓學生在同一個現象之下，從自然科學、社會科學等多個面向講出自己懂的知識。芬蘭重視主題式學習的專案模式與臺灣即將推行的108新課綱「專題與跨領域」相似。（芬蘭升大學考題：從生活情境考跨領域能力，林竹芸，《親子天下雜誌》95期，2018年3月19日）本書參照芬蘭以車禍的背景故事為考題製作八爪章魚覓食術——章魚頭分析圖，如圖5-10至圖5-12所示。

　　設想，如果你是法官、保險理賠公司、政府交通事故鑑定機關、被保險人、要保人或保險人（利害關係人），你會以何種角度進行問題解決？如果你是保險理賠公司，你可能站在理賠公司角度看待這件車禍案。也就是說，保險理賠公司越瞭解車禍事故發生的所有情況，越可以精準評估給付理賠金額，當然，這些案情細節不能夠讓理賠金請求人知道。我們可以利用八爪章魚覓食術——章魚頭作為鷹架將上述以車禍為背景所提出的問題進行分析、整合與解決。教師可以透過這種方法進行命題。教師命題的重點將集中於瞭解學生對問題解決的對策或行動與所衍生的效果或產出。所以，教師命題應該以車禍後處理解決程度來命題。(1)受傷人員臟器受損程度？涉及醫藥費給付問題？受傷程度越大，醫藥費理賠金額可能

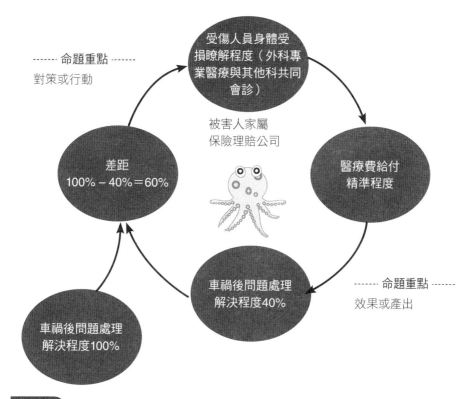

命題重點
對策或行動

受傷人員身體受
損瞭解程度（外科專
業醫療與其他科共同
會診）

被害人家屬
保險理賠公司

差距
100% − 40% ＝ 60%

醫療費給付
精準程度

車禍後問題處理
解決程度40%

命題重點
效果或產出

車禍後問題處理
解決程度100%

圖5-10　芬蘭以車禍的背景故事為考題之八爪章魚覓食術──保險公司角度分析圖

越龐大。所以，保險公司必須精準瞭解受傷者內臟器官受到車禍後的損害程度，因應日後保險理賠金額的依據，參照圖5-10。(2)計算肇事車輛當時車速，由於馬路都有速度限制，如果肇事車輛超速，保險公司可否不予理賠。肇事車輛撞到盆栽，且飛出去10公尺遠，所以計算車速是很重要的重點，參照圖5-11。(3)肇事車輛為了躲避由巷口衝出的小朋友，以致撞到被害人，導致受傷。其法律責任歸屬為何？車禍肇事者與小朋友的事故責任分擔比率為何？小朋友為限制行為能力人或無行為能力人，所以小朋友的爸媽是否可能負擔

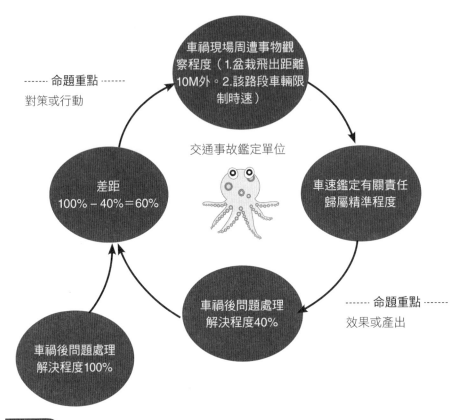

圖5-11 芬蘭以車禍的背景故事為考題之八爪章魚覓食術——交通事故鑑定角度分析圖

損害賠償責任，參照圖5-12。這是一種主題式與跨領域的考題和教學，既有趣也更貼近生活，對學生未來的生活經驗有很大的助益。

2. 不同角度的思考，培養學生的理性與客觀性。

不同角度的思考是我們主張最應該推廣的訓練。蘇軾在〈題西林壁〉一詩中言：「橫看成嶺側成峰，遠近高低各不同。」人在不同時間、不同角度、不同環境、不同身分看同一事物或事件，都會有不同的想法。我們應該培養學生具有客觀的洞察力來評論各種社會事件與各種知識。面對各種社群工具（Facebook、LINE、

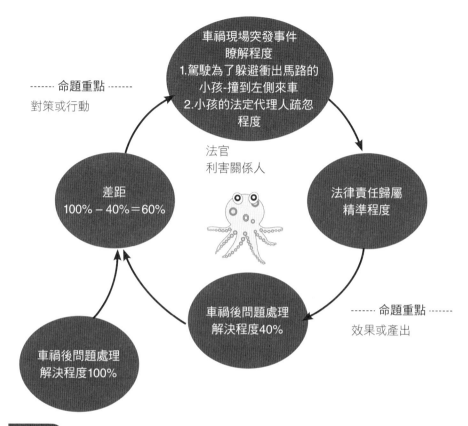

圖5-12　芬蘭以車禍的背景故事為考題之八爪章魚覓食術──法官、利害關係人角度圖

Twitter、IG等）的蓬勃發展，知識與訊息量十分巨大，篩選出客觀、理性的知識變得十分重要。如何才能培養學生具有客觀與理性的思想？本章認為教導學生將系統思考導入知識與所欲關心的事物，使學生透過系統思考建構他們的知識體系，獨立思考許多社會事務與多樣的知識。如果學生都具有獨立思考能力，學生就可獨立篩選知識的真假，進而可以認清何謂假知識或假消息，不會人云亦云。一個真正成熟的民主政治是由具有獨立思考、客觀理性與批判能力的公民所建構形成。如何達到這種境界？本章提出以下看法：

(1) 建構學生具有系統思考之八爪章魚覓食術的知識與繪製因果關係圖的能力。

(2) 教師引導學生由系統思考反覆推理所關心的知識與事物，以各種不同角度（政府、人民、利害關係人等）切入主題教學，培養學生客觀與理性看待各種議題。（參照芬蘭以車禍為背景的案例）

(3) 教師應該以不同角度的生活情境題進行命題（情境式題目）。這種命題方法可以使題目具有生活化與活潑化。考題也能夠引發學生進一步思考。

3. 採用情境式試題的影響。

為了說明生活情境，試題的文字敘述較長，學生需要具備閱讀長篇文章的能力，因此，教師應該於平日教學時強調閱讀的重要性。訓練學生閱讀長篇文章最佳的方法是找出報紙的社論給學生閱讀。為何運用報紙社論來訓練學生的長篇文章閱讀能力？各報紙的社論會對國家重要的公共政策提出看法，符合鼓勵學生瞭解國家公共政策與時事的教學目標。教師命題時，也可以參考各報紙的社論，由社論找尋命題的靈感，配合八爪章魚覓食法的運用，使考題更貼近生活情境。

5-5　結論

我國教育向來都是考試領導教學。學生因為考試而去研讀考試會考的範圍，這當然不符合108課程綱要與核心素養的精神。不過，教師可以透過考試與命題訓練學生具有獨立思考與問題解決能力，提升學生的職場競爭與勝任力。面對臺灣未來的經濟、社會與政治環境的變遷，培養這群學生成為具有客觀、敏銳、具批判力與問題解決能力的公民，才符合108課程綱要與核心素養教育的真正精髓。

第 **6** 章

輕鬆開發：系統思考問題解決跨領域專題式課程教案——以鄭成功渡海來臺為例

楊朝仲　吳秋萱　白佩宜
徐君蘭　陳正昌　柯如營
陳義堯　林虹均　胡家瑒

跨領域專題式課程是教育部108新課綱高中課程推動的另一個關注重點，強調在領域課程架構下除了以分科教學為原則外，也要重視跨領域的教與學，希望高中老師能透過跨領域／科目專題、實作／實驗課程或探索體驗等課程，強化跨領域或跨學科的課程統整及應用。

要研發跨領域專題式課程，自然需要不同科別的老師共同參與，然而目前高中老師除了教學外，大多還要擔負行政兼職、導師、學生輔導、專案計畫等，工作相當繁重。在高中實際教學現場中，不同科別老師很難有共同的備課時間，學科屬性上差異也很大，與自己同領域老師要共備課程就已經非常不容易了，更何況是開發跨領域專題式課程。另一個需要克服的問題是目前現職的教師在師資養成過程中，系統思考方面的培訓是相對缺乏的，現階段也沒有足夠的系統思考教材可以採用。綜合上面所提到的高中教學現況，各校必須克服時間缺乏、科目領域差異、系統思考素養不足等困難，才有機會成功開發符合教育部期望的跨領域專題式素養導向課程。

本章節的鄭成功渡海來臺系統思考問題解決跨領域專題式課程教案，是在楊朝仲教授指導下，由新北市立新店高中不同領域的八位老師共同研發完成，這份教案是全國現有唯一用八爪章魚覓食術所開發的跨領域專題式素養導向課程。由於新店高中是教育部全國高中海洋教育資源中心，以實際鄭成功渡海來臺案例提供系統思考問題解決跨領域專題式課程教案開發最佳的實務經驗，相當具有代表性。

6-1　跨領域課程開發專案團隊

組織跨領域課程開發的專案團隊並使其運作順暢，這是進行跨領域專題式課程開發的第一項任務。我們參考專案管理（Project Management）的知識、流程與工具進行，並在實際運作後歸納出以下三個具體的步驟：

1. 爭取學校的支持。
2. 邀請夥伴並組織專案團隊。
3. 維護專案團隊的運作動能。

步驟一　爭取學校的支持

對高中跨領域專題式課程研發團隊的每一位成員來說，開發課程不是本業務，參與課程開發靠的只是一份教育熱忱，因此執行這個專案所能占用的每個成員的時間、精力，在比例上是很小的，加上每一位成員彼此之間完全沒有上下從屬關係，因此，在專案管理的定義中這樣的組織架構是屬於弱矩陣組織。弱矩陣組織要成功完成專案非常不容易，讓學校行政端看見這一點，並能為懷抱教育熱誠、無私付出的老師們多爭取一些肯定和支持是非常重要的，像是在排課上儘量讓成員們有共同的備課時間、使用課後時間進行研討能給予補休、提供團隊需要的空間和設備、在適當機會讓團隊發表研發成果等等的方案。

步驟二　邀請夥伴並組織專案團隊

爭取到學校的支持後就可以開始組織專案團隊，為了讓課程研發能如期順利完成，團隊的組成成員要有專業的指導教授、有經驗的專案經理以及符合課程屬性的教師群。

前面提到這樣的團隊是由沒有上下從屬關係的教師夥伴所組成，屬於弱矩陣組織，邀請大學的專業指導教授，除了可以提供老師專業的指導外，有時可以扮演引導和督促角色，強化組織的方向性、向心力和凝聚力。

在高中校園環境中目前可能還沒有太多老師受過專案管理的訓練，如果沒有辦法委託到有資格的專案經理人來處理課程開發專案，至少應該在學校委託一位行政組長、組員或助理協助各項行政的協調與聯繫等。

　　邀請領域屬性相近的教師夥伴加入團隊，成功率會比用任務分配方式隨意組成的團隊要高許多。例如鄭成功渡海來臺課程，初步分析課程主要元素有系統思考、海洋議題、軍事武力等，因此邀請海洋學科中心教師團隊、國防、歷史、地理等學科領域的老師，也邀請平日喜好學習新知老師。由於專案內容和這些老師原本的學科領域和興趣較為接近，因此這些成員對於專案的參與度也就相對會高一些。

步驟三　維護專案團隊的運作動能

　　在教師們普遍工作相當繁重的狀況下，要維護專案團隊持續不斷的運作動能，就需要更多的用心和努力，經過鄭成功渡海來臺實際運作成功的經驗，歸納出以下五項策略：

1. 闡述明確的目標、意義和價值

　　教師們都願意配合教育政策，也都渴望知道要如何教才能落實108課綱的精神。因此，課程開發第一階段應該先邀請指導教授就大家關心的主題舉辦講座，讓團隊成員認同這個課程開發專案的價值，也瞭解專案的目標和執行的流程。追求新知的心和教學的熱誠，會吸引教師加入專案團隊。

2. 善用知識學習的成就感

　　在開發鄭成功渡海來臺跨領域課程的過程中，發現整個專案團隊的凝聚力真正產生快速變化，是在專案成員學會了八爪章魚覓食術之後。當成員們剛接觸八爪章魚覓食術，所繪製的圖在系統上還不完整時，可以發現每次的成果驗收有許多夥伴非常緊張，心生害怕，無法突破的低迷氣氛確實曾令人擔心跨領域課程開發是否有可能成功。幸虧擔任指導的楊朝仲教授有帶領學校團隊的豐富經驗，按照步驟引導成員，並在每一個階段留給成員多一點的探索和理解時間，經過半年，有一、兩位老師先突破盲點並得到教授的肯定，之後成員們會自己找時間彼此討論、

分享、共備，整個學習型專案組織儼然成形，成員們信心大增，團隊終於突破低潮期進入豐盛期。

　　學習新的知識與拓展視野，對高中老師是有吸引力的，畢竟教師普遍是喜歡學習的。每一次的研習都要賦予不同階段的學習及任務，讓教師覺得參與這個團體對自我提升是有助益的，知識學習的成就感是團體持續運作很重要的因素之一。

3. 兼顧任務需求與團隊成員的時程安排

　　開發跨領域專題式素養導向課程必須要進行教師系統思考的賦能，同時要進行跨領域專題式課程開發，這些都需要共備、共學。然而，高中教師除了本科的教學工作外，許多人還必須兼任行政工作或導師等，課務加上兼職工作，實在很難找出共同備課時間，因此善用一些特別的時間就非常重要，像是社團活動時間、期中測驗排出共同不監考的時間等。

　　在規劃課程開發時程進度時，務必參考各校行事曆，顧慮成員的工作與生活週期，而不是只考慮專案的生命週期。全新的領域及全新的專案一定要規劃充足的時間，好讓參與課程開發的教師可以反芻與吸收，並能隨時保持時間管理的彈性，在不影響重要里程碑的原則下，預留一些緩衝期，儘量減低專案成員的壓力。

4. 隨時協助成員如期、如質、如預算完成任務

　　為開發跨領域專題式課程所組成的弱矩陣組織，無法用實質的薪資、獎金來吸引成員，也沒有上下屬關係可以要求成員，能做的只有隨時提供協助，例如：提供成員需要的任何資料，主動觀察成員的進展情況，有必要時召開小組會議一起討論、找出盲點。實在有困難時，隨時透過網路和指導教授請益。總之，在成員有需要時及時提供協助，好讓每一位成員都能如期、如質、如預算的完成課程開發。

5.建立有溫度的社群網絡

建立團隊的網路社群，隨時分享教育新知，掌握團隊的進度，建立起組織成員的認同感。透過網路社群，團員間也可以經常地問候與鼓勵，關心彼此的狀況，凝聚彼此的情誼。根據實際運作的觀察，網路社群的功能目前較有成效的部分是訊息傳達、知識分享及建立情誼，還無法做到利用群組進行課程研發和討論。由於教師們不太習慣將自己未經過討論及認可的教案放上群組供大家評論，因此，現階段在課程的討論及共備上，還是以面對面研討的方式最能被接受，也較具成效。

6-2　鄭成功渡海來臺跨領域專題式課程開發

課程專題的設定，可以依據各校的特色、背景、條件或是團隊成員的條件與專長等，所選定的專題要能涵蓋多項跨領域的議題，各議題間也要有連動關係。如同本章節的案例，新店高中是全國高中海洋教學資源中心，鄭成功渡海來臺是一項跨領域專題，當年鄭成功能成功擊潰荷蘭人渡海來臺，中間的各項策略與議題彼此間應有連動與互為影響的關係。

團隊組成了，課程主題也確立了，就可以開始運用「八爪章魚覓食術」依照以下五個步驟進行跨領域專題式課程的研發。

1. 查閱鄭成功渡海來臺的文獻或資料。
2. 各學科萃取資料裡跟本科專業及章魚頭問題定義有關的關鍵字，並繪製相應的章魚頭圖形。
3. 分析資料裡有關對策的後遺症或反效果，及其影響的利害關係人為何的字句，並繪製相應的章魚爪子伸出與捲回圖形。
4. 檢視各學科八爪章魚圖之間的連動關係，整合成一個完整的系統思考問題解決圖形。
5. 依據整合完成的系統思考問題解決圖形，統整各學科依據八爪章魚

圖所設計的課程教案，完成跨領域專題式素養導向課程。

步驟一　查閱鄭成功渡海來臺的文獻或資料

在網路上只要打上鄭成功渡海來臺的關鍵字，就可以查閱到非常多的資料，不同學科老師可以從裡面找到與自己本科相關的關鍵字句來進行課程設計。我們先來瞭解一下鄭成功渡海來臺的故事大綱：

西元1659年（明永曆十三年，清順治十六年）鄭成功率領10萬大軍攻打南京，慘敗而回，元氣大傷的鄭軍，困守在思明也就是現在的廈門，由於糧草匱乏，不夠供給數萬大軍使用，鄭成功不得不開始思考另覓領地。西元1660年3月，因為與荷蘭人發生債務糾紛而逃到廈門的前荷蘭通事何斌（客家人），大力鼓吹鄭成功攻取臺灣。何斌強調臺灣糧食與軍用物資充足，又有海峽天險，每一項都正好符合鄭軍的需求，但當時鄭軍正在抵禦清朝將領達素的進攻，因此攻臺計畫暫時擱置。西元1661年2月，鄭成功召集將領討論攻臺事宜，將領們對這個計畫不敢直言反對，但大多面有難色。曾經到過臺灣的將領吳豪說道：「風水不可，水土多病」，又說：「港淺大船難進」，也有其他將領提議先派一支部隊探路，以確認航海風險與航道狀況，同時探查一下荷蘭人的防禦後再商議。這時有人揣摩鄭成功的心思表示支持攻臺，鄭成功聞言大喜，決定出兵。

當時荷蘭東印度公司的臺灣長官為揆一（Frederik Coyett），駐守在熱蘭遮城（Fort Zeelandia，今臺南市安平古堡），另外一位地方官瓦倫廷（Jacobus Valentyn）則駐守在普羅民遮城（Provinta，遺址位在今臺南市赤崁樓）。接著，荷蘭東印度公司一直關注中國情勢的動盪是否會影響公司的貿易以及在臺灣的地位。西元1660年當鄭成功攻打南京失利，何斌又逃往廈門之後，大員地區便盛傳著國姓爺即將攻打的消息。揆一聽到後立即向巴達維亞城請求援軍，同時要求各地加強偵察與武

裝，把所有華人仕紳與商家負責人等軟禁在熱蘭遮城以免通敵，來不及收割的稻穀一律焚毀，一共焚毀了8,000袋之多，並且造成華人傷亡。7月16日，巴達維亞總督派遣司令官范德蘭（Jan van der Laan）率領1453人前往臺灣，並奉總督指示如果鄭成功並未如情報所說的前來攻打臺灣，為了彌補財務損失，艦隊必須轉去攻打澳門。9月20日，范德蘭的艦隊抵達大員地區，他認為鄭成功不會前來攻打臺灣，所以抵臺不久後便堅持要去攻打澳門，次年（西元1661年）2月27日率領兩艘船隻以及所有隨行軍官返回巴達維亞城，其餘船隻被分頭派往各地，只留下4艘船和不到600名沒有軍官率領的士兵，此時大員地區的荷軍總兵力約為1,500人。當時臺灣南部近海地區有連串的沙洲，圍成一片名叫臺江的潟湖內海，沙洲間有許多水道，這些水道大多淤積，能夠進出的只有兩個水道，一條是南航道，這條航道道闊水深，船隻可以暢通無阻，但是荷蘭軍在這裡建築熱蘭遮城，防守非常嚴密。另一條是北航道，直通鹿耳門，但是這條航道海水很淺，底下是堅硬的鐵板沙，礁石密布，航道狹窄，荷軍還故意鑿沉一些船隻，阻塞航道，以為這裡無法登陸，所以只派少量兵力防守。

　　西元1661年3月，鄭成功開始調度部署，4月21日中午，鄭成功率領將士25,000人搭乘數百艘戰船，從金門料羅灣出發，4月22日先抵達澎湖，鄭成功留下3,000人駐守澎湖，其餘人出發前往臺灣，但是卻遇到逆風不得不折回澎湖，苦候多日都沒有遇到順風。漸漸地鄭軍糧草不足，搜遍澎湖各島嶼，只搜到百餘石的糧草，根本不夠大軍一餐使用。於是鄭成功在4月30日毅然決然下令冒著陰雨逆風出航。4月30日黎明正值大潮，鄭成功得到資訊知道鹿耳門水道在海水漲潮時是可以通行大船的，於是趁漲潮時派出部分戰艦，在南水到處喊聲震天、炮火不斷，讓荷軍誤以為鄭軍要從南水道進攻，於是大批荷軍調至此航道防守。北航道上一片沉寂，殖民軍以為平安無事，殊不知鄭成功率領主力戰艦，乘海水漲潮時迅速登上鹿耳門，鄭軍在大霧中抵達鹿耳門，荷軍忽然看見

海上數百艘船隻，十分驚慌，揆一立即傳令備戰，要求荷蘭人回到熱蘭遮城內，並築炮臺設定大炮。

西元1661年5月2日鄭成功派遣楊朝棟以10,000名士兵包圍普羅民遮城，並切斷水源，5月4日瓦倫廷向鄭成功表示願意有尊嚴地投降，鄭軍接收城堡，完全控制赤崁地區。拿下普羅民遮城後，鄭成功立即將主力部隊開往大員市街，從鯤身半島、海面以及北線尾三方進逼熱蘭遮城。5月25日，鄭成功以28門大炮攻城，造成熱蘭遮城多處損壞，荷軍調集30門大炮反擊，雙方各擊出約350發炮彈，荷軍居高臨下擊毀了鄭軍架炮土臺，鄭軍死傷慘重損失上千人，退守到大員街上。鄭成功見熱蘭遮城易守難攻，決定改變戰略駐守大員市街，長期圍困熱蘭遮城，同時將多數部隊派往各地屯墾以解決糧食不足的問題。

鄭成功決定攻臺最主要的原因之一是大軍乏糧，在澎湖停泊時，因為糧食即將用罄，鄭成功不得不在逆風和陰雨的天氣中下令出航渡過臺灣海峽，到了臺灣之後，糧食的接濟仍是鄭軍首要工作。雖然鄭成功不斷傳令廈門派糧船前來接濟，但廈門方面自顧不暇，少有回應。6月鄭成功派軍隊四處屯墾；7月戶官運糧船沒有出現，官兵乏糧，鄭軍命令民間捐輸雜糧、蕃薯，發給兵糧；8月戶官運糧船仍然沒有出現，鄭成功派員到鹿耳門守候，有官、私船來者都先買下糧食。這時的鄭軍糧米不繼，官兵每天只吃兩餐，加上許多人病死，士氣浮動。28日，鄭成功撥下10錠金子派員前往各地買米，也只夠10日之用。被鄭軍俘虜的東印度公司土地測量師菲力普·梅為鄭軍工作時，記錄下鄭軍的窘況：每個將官手下有1000-1200人，在山腳和每個能開墾成水田的土地上，每一、兩百人為一群，很認真地耕種土地。他們種很多蕃薯，多到足以食用3個月。每個角落都備用來耕種，甚至道路也不例外。缺糧和風土病的問題始終糾纏鄭軍，使許多士兵病死，也造成士兵逃亡。

西元1661年12月16日，荷軍一名德籍中士拉迪斯（Hans Jurgen Radis）逃往鄭軍營中，向鄭成功報告熱蘭遮城內守軍大半都生病衰

弱、疲勞不堪，只要不斷攻擊定可打垮士氣，又說強攻熱蘭遮城損失較
大，但是烏特勒支山丘上的碉堡卻不難攻下。於是鄭成功著手準備攻城
計畫，在烏特勒支山丘附近建了3座炮臺，架設28門大炮。1662年1月25
日鄭軍從北、東、南三面炮轟烏特勒支碉堡和熱蘭遮城，一天之內發
出2,500發炮彈，其中1,700發左右打向烏特勒支碉堡，幾乎將之夷為平
地。荷蘭守軍被迫自行炸毀碉堡，並以長導火線裝設定時炸彈後撤退。
下午6時鄭軍奪下碉堡後，晚間8時半定時火藥爆炸，碉堡全毀，徹底瓦
解了熱蘭遮城內荷蘭守軍的士氣。2月1日訂定鄭荷之戰荷蘭降書，2月
17日揆一率領盧斯杜南號、唐堡號、安克文號、梅頓號、泰伯特號、納
爾登號、白鷺號和羅南號啟程，結束了荷蘭在臺灣38年的統治。

以上資料摘自：

華人百科，鄭成功攻臺之役

https://www.itsfun.com.tw/%E9%84%AD%E6%88%90%E5%8A%9F
%E6%94%BB%E5%8F%B0%E4%B9%8B%E5%BD%B9/wiki-2213393-
2963473

維基百科，鄭成功攻臺之役

https://zh.wikipedia.org/wiki/%E9%84%AD%E6%88%90%E5%8A%9
F%E6%94%BB%E8%87%BA%E4%B9%8B%E5%BD%B9

每日頭條，〈出其不意，攻其不備──鄭成功：聲東擊西收臺灣〉

https://kknews.cc/zh-tw/history/aon4gov.html

步驟二　各學科萃取資料裡跟本科專業及章魚頭問題定義有關的關鍵字，並繪製相應的章魚頭圖形

我們先來複習一下問題的定義──章魚頭的結構，如圖6-1所示。
各科老師閱讀鄭成功渡海來臺資料後設定出問題，並找出問題定義的
「目標」、「現況」、「差距」與採取的「措施（對策）」和其「效果
（產出）」五個名詞完成章魚頭的核心結構。

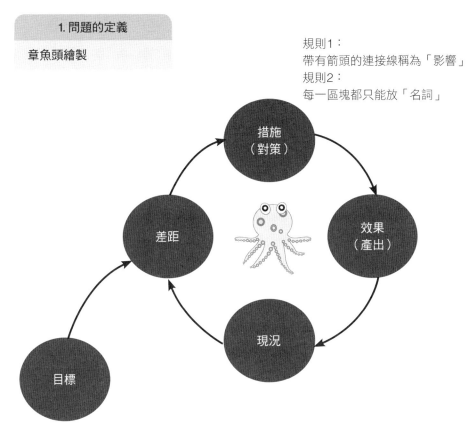

1. 問題的定義

章魚頭繪製

規則1：
帶有箭頭的連接線稱為「影響」
規則2：
每一區塊都只能放「名詞」

規則3：
「現況」必須是可以隨時間而累積或減少的東西
規則4：
「目標」必須能與現況用同一種單位加以衡量，以利具體反映差距

圖6-1 章魚頭的結構

　　接下來我們看看各科老師所完成的章魚頭：首先是國文科陳義堯老師所繪製如何增加登臺兵力問題的章魚頭，如圖6-2所示：

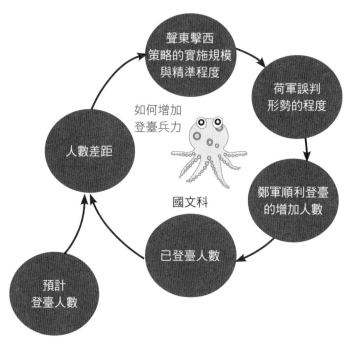

圖6-2 國文科如何增加登臺兵力問題的章魚頭

「現況」已登臺人數「大軍駐守在澎湖，一開始登臺人數為零」。

「目標」預計25,000人「鄭成功率領將士25,000名搭數百艘船攻臺」。

「對策」聲東擊西策略的實施規模與精準程度「鄭成功趁漲潮時派出部分戰艦，喊聲震天、炮火不斷，讓荷軍誤以為鄭軍從南航道進攻，於是大批荷軍調至此航道防守。北航道上一片沉寂，殖民軍以為平安無事，鄭成功率領主力戰艦，乘海水漲潮時迅速登上鹿耳門，守軍從夢中驚醒，發現已被包圍」。

　　聲東擊西策略要成功，首先要有作戰意志高昂的官兵，接下來是國防通識徐君蘭老師針對如何強化軍心士氣問題所繪製的章魚頭，糧餉獎勵應該是當時最直接有效提升渡海來臺與戰鬥意願的對策，如圖6-3所示：

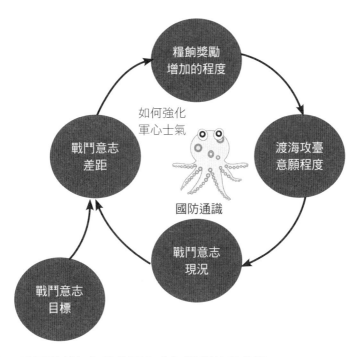

圖6-3　國防通識科如何強化軍心士氣問題的章魚頭

「現況」戰鬥意志現況「一開始將領們意願不高」。

「目標」戰鬥意志目標「鄭成功希望能攻臺」。

「對策」糧餉獎勵增加的程度。

　　聲東擊西策略成功的另一個要因是掌握了鹿耳門水道漲潮的正確資訊，地球科學科白佩宜老師在參考鄭成功渡海來臺相關資料後，繪製了如何掌握正確的海流流況問題的章魚頭，如圖6-4所示：

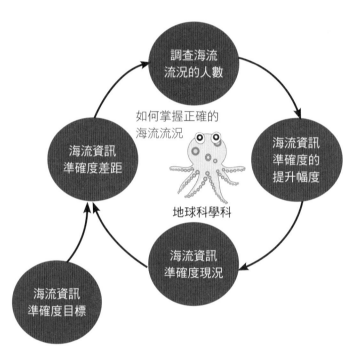

圖6-4　地球科學科如何掌握正確的海流流況問題的章魚頭

「現況」海洋資訊準確度現況。

「目標」海洋資訊準確度目標。

「對策」調查海流流況的人數。

　　要強化軍心士氣，除了增加糧餉獎勵戰功外，降低航海風險也是穩定軍心的關鍵因素之一。針對如何降低航海風險問題，海洋學科陳正昌老師繪製了圖6-5的章魚頭，如下所示：

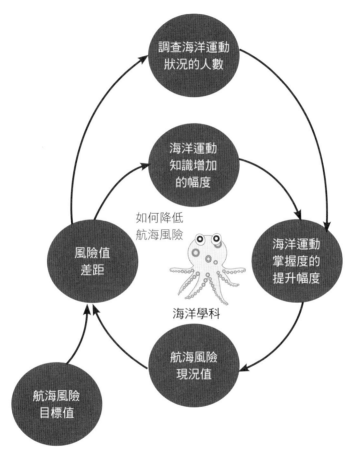

圖6-5　海洋學科如何降低航海風險問題的章魚頭

　　「現況」航海風險現況值「一開始風險較高」。

　　「目標」航海風險目標值「希望能降到最低」。

　　「對策」調查海洋運動狀況的人數以及船員海洋運動知識增加的幅度。

　　如何強化軍心士氣的策略還有一項增加糧餉獎勵戰功，我們可以看一下生物科柯如營老師針對如何保持軍糧充足問題所繪製的章魚頭，如圖6-6所示：

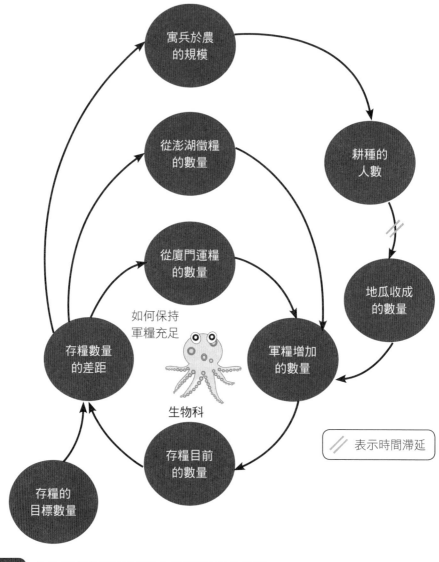

圖6-6 生物科如何保持軍糧充足問題的章魚頭

「現況」存糧目前的數量「存糧嚴重不足」。

「目標」存糧目標的數量「能有充足存糧」。

「對策」鄭成功採用的方式有從廈門運糧、從澎湖徵糧，以及寓兵於農「每個將官手下有1,000-1,200人，在山腳和每個能開墾成水田的土地上，每一、兩百人為一群，很認真地耕種土地，他們種很多蕃薯，多到足以食用三個月」。植物種植到收成需要時間，我們在箭頭指標上畫上雙槓，表示時間滯延。

鄭成功自西元1661年4月30日從鹿耳門登陸後，荷蘭軍退守熱蘭遮城，鄭成功炮攻許久，投下的炮彈數量驚人，直到1662年2月1日才徹底結束荷軍的統治。針對這個議題，化學科林虹均老師繪製了如何提高炮攻火力問題的章魚頭，如圖6-7所示：

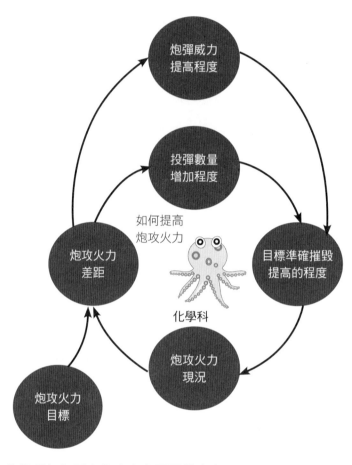

圖6-7 化學科如何提高炮攻火力問題的章魚頭

「現況」炮攻火力現況「炮攻的精準度及威力都弱」。

「目標」炮攻火力目標「精準度和威力都強」。

「對策」在量的部分是增加投彈數量，在質的部分是提高炮彈的威力。

　　如何提高炮攻火力的策略之一是提高炮攻火力。提高火力的方式除了從火藥方面去討論外，炮彈的準確度也是很大的因素。我們可以參考物理科胡家瑒老師針對如何提高槍炮命中率問題所繪製的章魚頭，如圖6-8所示：

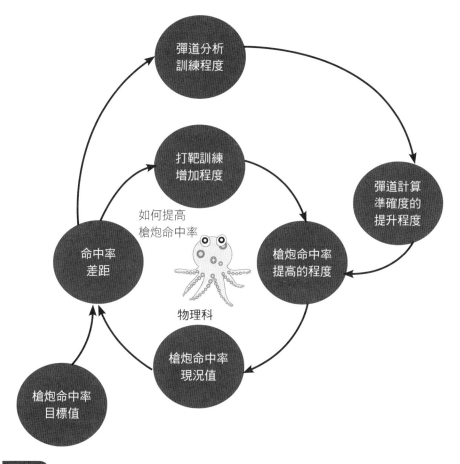

圖6-8　物理科如何提高槍炮命中率問題的章魚頭

「現況」炮彈命中率現況值「一開始風險較高。

「目標」炮彈命中率目標值「希望能降到最低」。

「對策」增加打靶訓練以及強化彈道分析能力

步驟三　分析資料裡跟對策的後遺症或反效果與其影響的利害關係人為何的字句，並繪製相應的章魚爪子伸出與捲回圖形

當章魚頭繪製完成後，接著再由章魚頭上的對策進行問題的發散思考（類比為章魚伸出爪子抓食物），即是採取的對策是否有其後遺症。之後再進行收斂思考（類比為章魚爪子抓到食物後再將其捲回至章魚嘴中），即是後遺症或反效果所影響的利害關係人會如何影響到我們的章魚頭。

我們先來看如何掌握正確的海流流況的章魚圖中，出現了哪些後遺症或反效果，以及這些後遺症、反效果對於章魚頭的影響。

為了掌握正確的海流流況、提升海流資訊準確度，鄭成功派澎湖人負責調查海流流況，因為他認為澎湖人應該比較瞭解這方面的資訊。但是為了填補軍隊糧食的不足，鄭軍大量徵收澎湖人的糧食，澎湖人因此懷恨在心。基於報復心態，所提供的海流流況訊息是錯誤的，結果不僅沒能提升準確度，反而造成更多資訊的不足和混亂現象，如圖6-9所示：

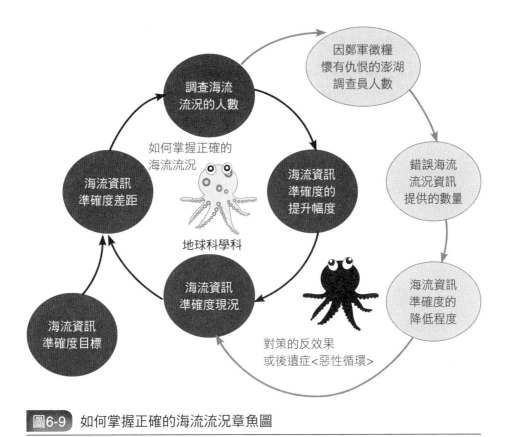

圖6-9　如何掌握正確的海流流況章魚圖

　　還有一個相似的例子：為了降低航海風險，鄭成功派人員負責調查海洋運動。被指派的官兵因為增加了工作量，心不甘情不願地敷衍了事，提供的資料就不夠正確。另外被指派擔任這個工作的是荷軍俘虜，那就更是心不甘情不願，如圖6-10所示：

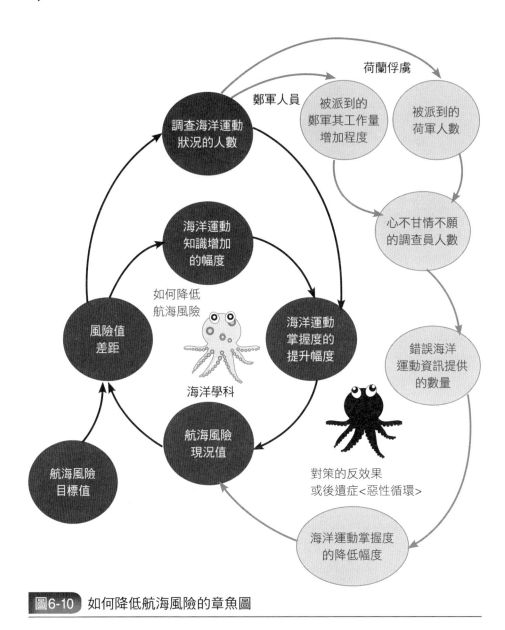

荷蘭俘虜

鄭軍人員

調查海洋運動
狀況的人數

被派到的
鄭軍其工作量
增加程度

被派到的
荷軍人數

海洋運動
知識增加
的幅度

如何降低
航海風險

心不甘情不願
的調查員人數

風險值
差距

海洋運動
掌握度的
提升幅度

錯誤海洋
運動資訊提供
的數量

海洋學科

航海風險
現況值

對策的反效果
或後遺症<惡性循環>

航海風險
目標值

海洋運動掌握度
的降低幅度

圖6-10　如何降低航海風險的章魚圖

　　在如何保持軍糧充足的議題中，鄭軍士兵大量進行屯墾，有些屯墾的區域是侵占了原住民的土地，因此和原住民產生嚴重的武裝衝突，造成人員傷亡，影響了屯墾人力。如圖6-11所示：

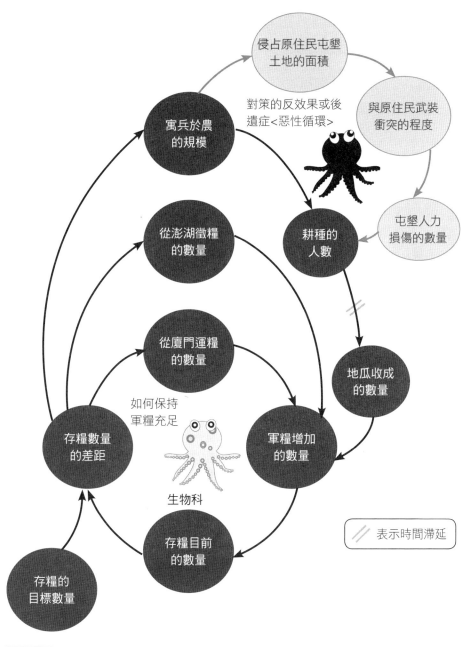

圖6-11 如何保持軍糧充足的章魚圖

步驟四　檢視各學科八爪章魚圖之間的連動關係，整合成一個完整的系統思考問題解決圖形

當各學科的章魚圖繪製完成後，除了看見單一學科本身的系統動態外，接著還要找出各學科之間的系統連動關係，然後將所有章魚圖串聯起來。因為所有的八爪章魚圖是源自於同一個專題，彼此之間是有相關聯的，要找出互為因果的連接點其實並不困難，只是社群老師第一次進行串聯時比較沒有經驗，這時可以請有經驗的指導教授協助引導，找出各學科章魚頭之間的連接點，逐步整合成為一個完整的系統思考問題解決圖形。

鄭成功渡海來臺專題跨領域課程的各科章魚圖完成後，由楊朝仲教授帶著社群夥伴找出彼此間的連動關係，逐步整合成一個完整的系統思考問題解決圖形，接下來我們將一一說明整合的圖形。

首先是國文科和地球科學科，鄭軍大批兵力能成功渡海登臺，聲東擊西這一個策略非常關鍵，這個策略能夠成功的要因是得到正確的海流流況資訊，掌握了正確的漲潮時機與水道資料，海流資訊準確度越高，鄭軍採用聲東擊西策略的成功率就越高。反之，如果海流資訊準確度越低，鄭軍採用聲東擊西策略的成功率也就會跟著降低，如圖6-12所示。

將領、士兵的戰鬥意志越高，配合聲東擊西策略的意願與實施的規模也會越高，如此才能達到國文科增加登臺兵力的期望值，因此國防通識的軍心士氣和國文科的戰術——聲東擊西之間當然是互有影響的，如圖6-13所示。

有關提升軍心士氣這個部分，如果航海風險始終居高不下，再多的誘因恐怕也很難鼓勵士兵渡海。在海洋學科和國防通識的章魚圖中，我們看見一個因果相關的連結點——航海風險越低，軍心穩定程度就會提高，攻臺意願自然也跟著提高，戰鬥意志就會是正向提升，如圖6-14所示。

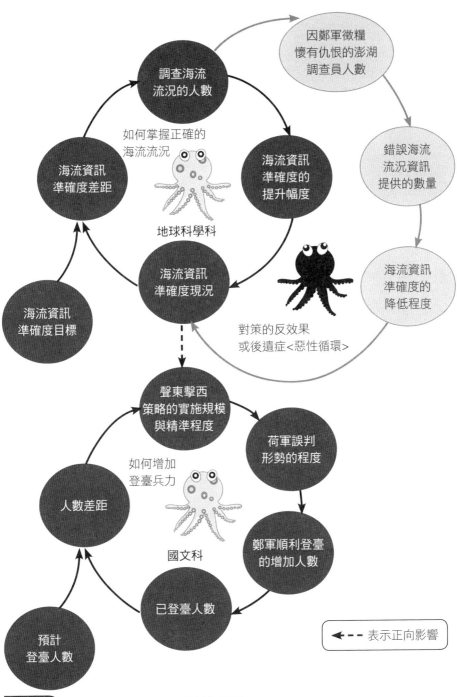

圖6-12 國文科與地球科學科的連動圖

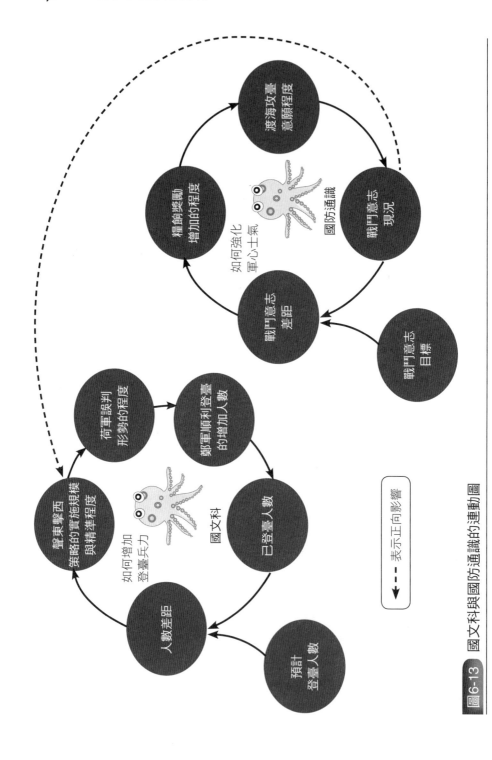

圖6-13 國文科與國防通識的連動圖

- - - ▶ 表示正向影響

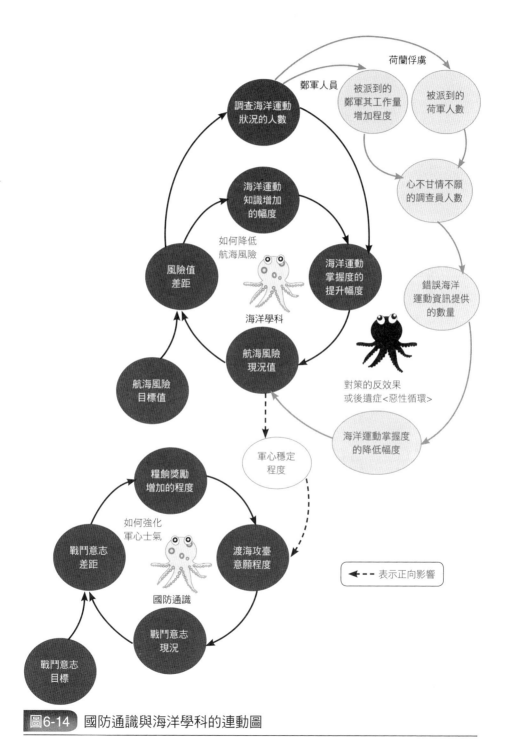

圖6-14 國防通識與海洋學科的連動圖

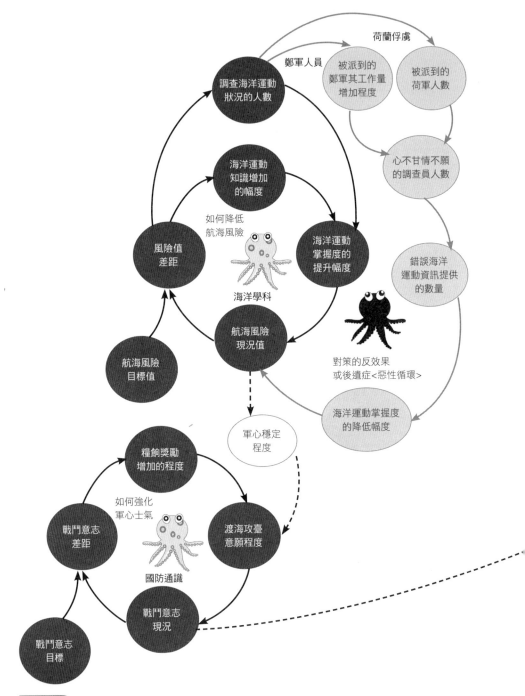

圖6-15 國文科、國防通識、海洋學科與地球科學科的連動圖

　　整合以上國文科、國防通識、海洋學科與地球科學科四個學科後，我們可以從圖6-15中看見彼此的連動關係（虛線表示連動關係）。

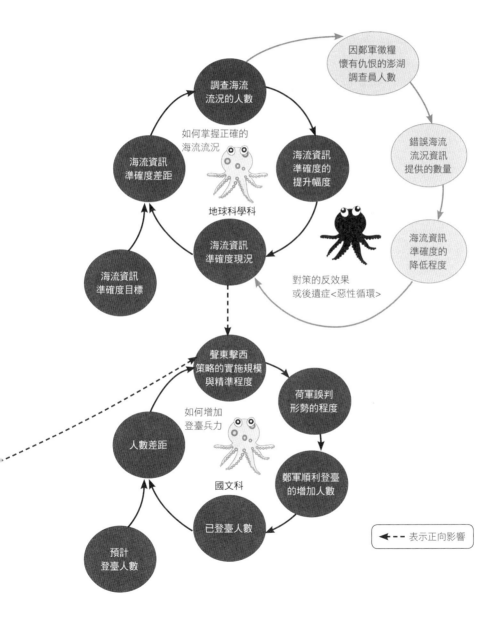

　　軍糧的匱乏也是鄭軍要冒險渡海的誘因，所以提升軍心士氣的另一個策略自然就會是增加糧餉獎勵，要增加糧餉獎勵總要有足夠糧食才有可能做到，圖6-16解釋了生物科和國防通識的連動關係。

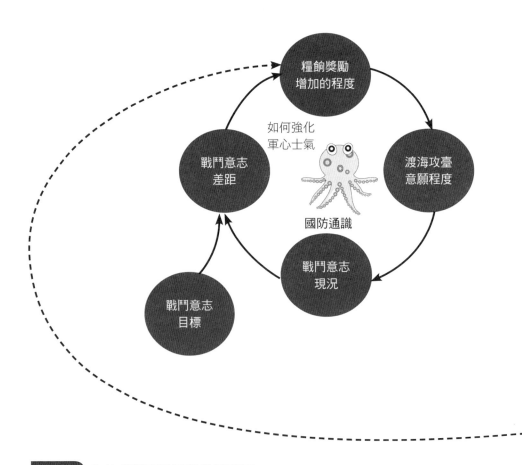

圖6-16　生物科與國防通識的連動圖

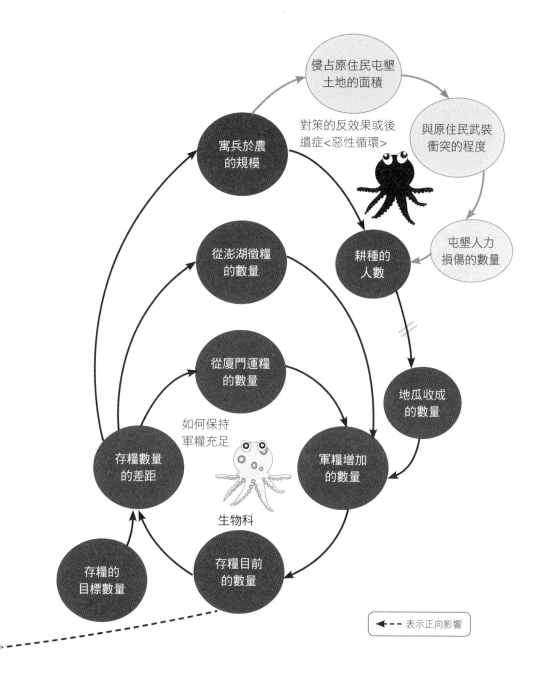

　　鄭軍努力儲備軍糧充足時，除了和原住民爭地發生武力衝突造成兩
方人員損傷外，也因為在澎湖強行徵糧造成當地居民對鄭軍懷有仇恨。
於是在鄭成功徵召澎湖當地人協助調查海流流況時，這些懷有仇恨的澎
湖人故意提供錯誤的資料，影響了海流資訊的準確度，這個連動關係顯
示在圖6-17（虛線表示負向影響）。

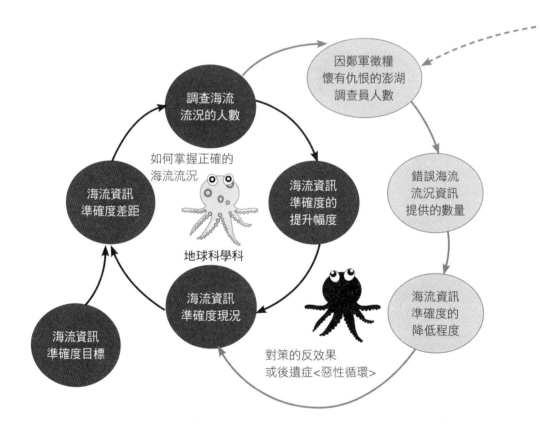

圖6-17 生物科與國防通識的連動圖

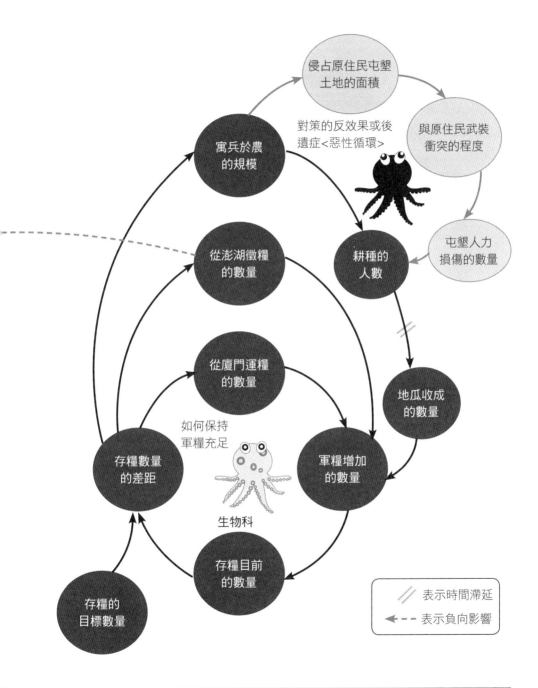

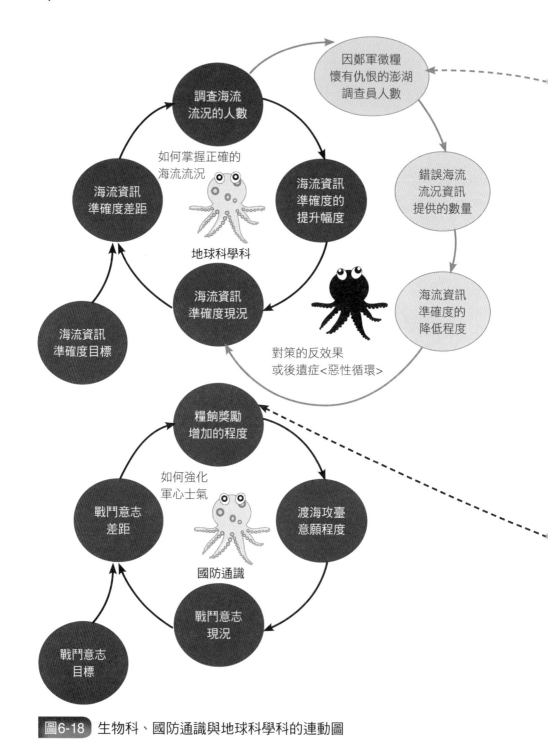

圖6-18 生物科、國防通識與地球科學科的連動圖

　　整合以上生物科、國防通識與地球科學科三個學科後，我們可以從圖6-18中看見彼此的連動關係。

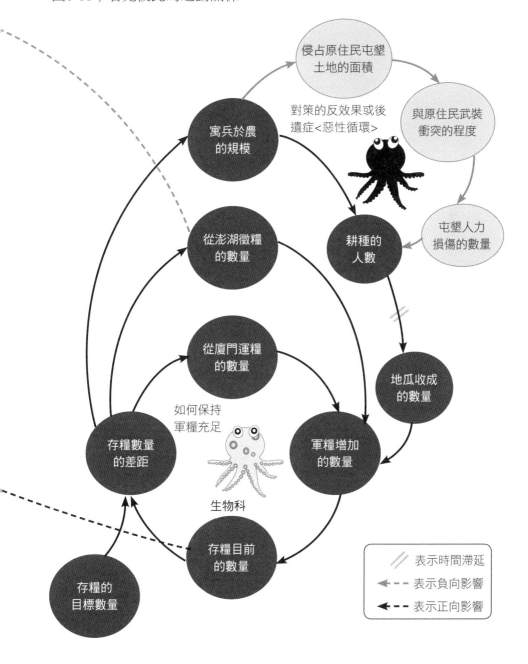

接下來我們先將剛才討論過的五個學科的章魚圖做整合，從圖6-19中可以看見國文科、國防通識、海洋學科、地球科學學科及生物科彼此的連動關係。

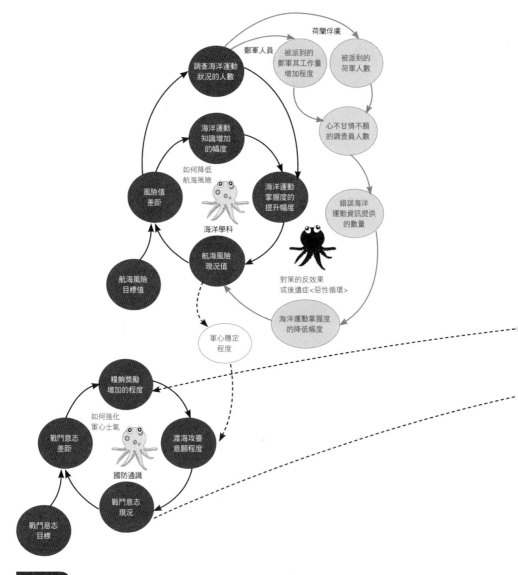

圖6-19 國文科、國防通識、海洋學科、地球科學學科及生物科的連動圖

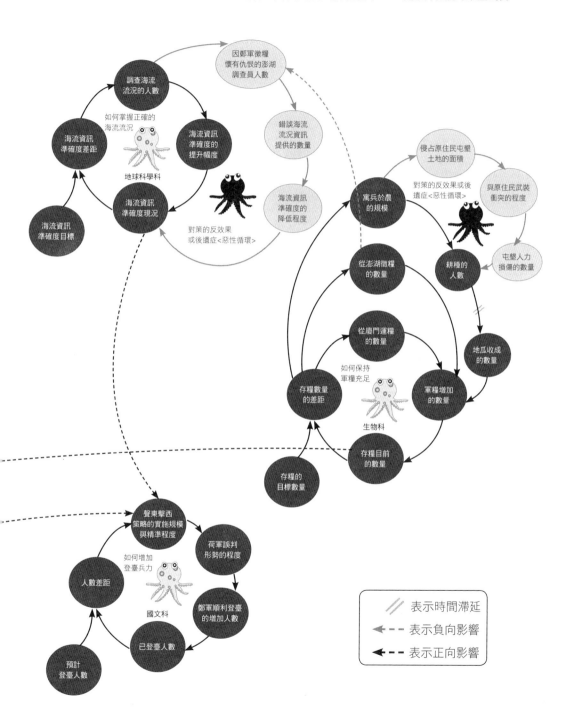

　　鄭成功從鹿耳門水道登臺後，並沒能馬上就逼退荷軍，而是經過數月傷亡慘重的炮攻之後，才終於結束荷軍對臺灣的統治，這段過程讓化學科和物理科老師想要探討如何提升炮攻的效能。圖6-20是化學科和物理科的連動圖，物理科的槍炮命中率越高，化學科的目標摧毀程度就會越高。

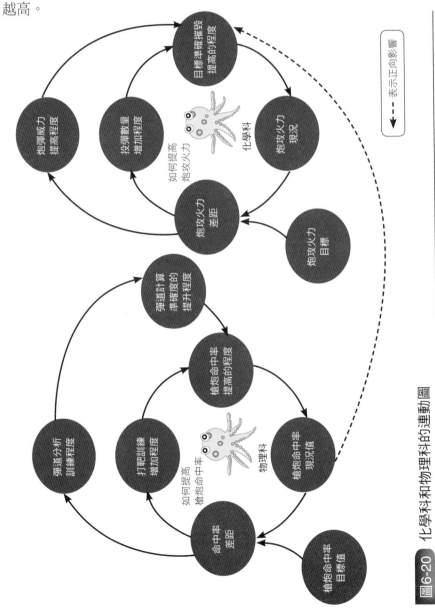

圖6-20　化學科和物理科的連動圖

　　國文科的登臺人數增加，也會增加化學科的炮兵人數和投彈數量，圖6-21顯示的正是國文科和化學科的連動關係。

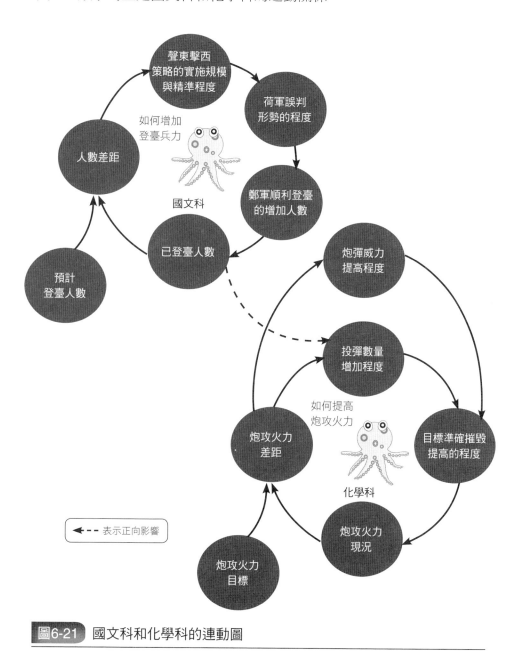

圖6-21 國文科和化學科的連動圖

最後，我們再將化學科及物理科併入整合圖形中，就完成圖6-22
國文科、國防通識、海洋學科、地球科學科、生物科、化學科及物理科
七個科目的連動圖。

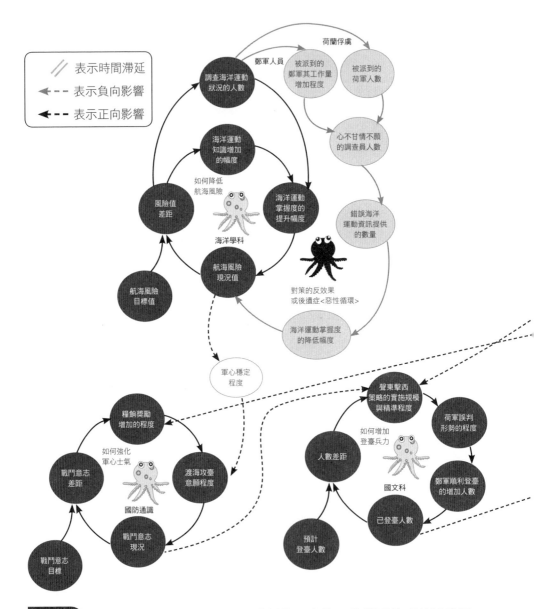

圖6-22　國文、國防通識、海洋、地球科學、生物、化學及物理的連動圖

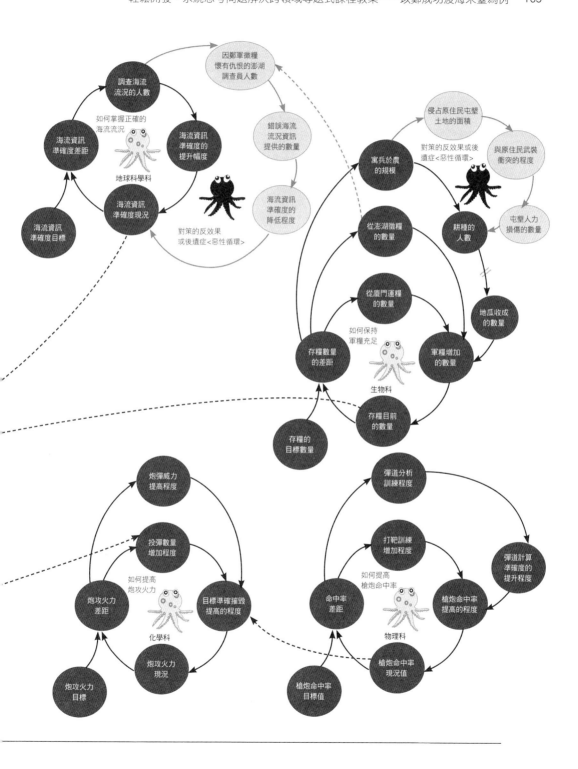

步驟五　依據整合完成的系統思考問題解決圖形，統整各學科依據八爪章魚圖所設計的課程教案，完成跨領域專題式素養導向課程

　　完成整合圖後，各學科老師依據自己的八爪章魚圖，結合自己學科領域的學習議題，開發授課時數2-3節的教案，依序為國防通識、國文科、地球科學科、海洋學科、生物科、化學科、物理科。我們可以從各科老師所設計的教案中明顯地看到系統思考與解決問題素養內涵，同時也具備了各學科領域的專業素材。在教學內容的設計上，是從定義問題開始引導學生如何運用系統思考去解決問題，教師和學生雙方都能從這樣的教學過程中不斷精進、自然而然地培養系統思考與解決問題的素養。

　　另外，由於各學科間的連動關係均已明確。因此各學科老師在教授完自己領域的八爪章魚圖後，也能輕鬆引導學生持續進行圖形與議題的跨領域延伸思考工作。而這七個領域的老師也能彼此合作共同開設一門跨領域專題式的選修課程，讓學生接受更全貌、更全方位的系統思考問題解決訓練。

表 6-1　鄭成功渡海來臺課程國防通識教案

教案主題	如何強化軍心士氣	設 計 者	徐君蘭
科　　　目	國防通識	使用節數	2節 （每週1節或2節連上）

章　魚　圖	

設計理念	武器裝備固然是致勝的重要因素，但操作武器的是人，官兵堅強的戰鬥意志才是致勝的關鍵因素。鄭軍如何增加海戰戰績，減少損傷，是提升軍心士氣與戰鬥力的主因之一。
教學目標	1. 能瞭解渡海戰爭的戰術與要點 2. 學生能透過溝通與合作完成各組的八爪章魚圖。 3. 能具備良好的表達能力，説明每一組的八爪章魚圖。

課綱核心 素　　　養	A.自主行動	■A2.系統思考與問題解決 ■A3.規劃執行與創新應變
	B.溝通互動	■B1.符號運用與溝通表達
	C.社會參與	■C2.人際關係與團隊合作

教案架構	海戰 知識篇	• 海戰背景知識的建立 • 分組從網路或書籍找資料，分析鄭軍海戰勝敗的因素
	海戰 模擬篇	• 擬定鄭軍渡海作戰計畫
	海戰 系統篇	• 繪製如何提升鄭軍海戰戰績的八爪章魚圖

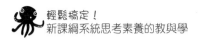
表 6-1　鄭成功渡海來臺課程國防通識教案（續）

	教學活動	時間	教學評量
1	1. 渡海作戰成功要素分析 2. 從歷史資料分析鄭軍渡海戰役的成與敗 分組作業戰術模擬：擬定鄭軍渡海作戰計畫	50分鐘	講義 學習單
2	1. 繪製鄭軍如何提升海戰戰績的八爪章魚圖 2. 分組報告	50分鐘	八爪章魚圖 分組報告

表 6-2　鄭成功渡海來臺課程國文科教案

教案主題	聲東擊西	設 計 者	陳義堯
科　　目	國文科	使用節數	3節 （每週1節或3節連上）
章 魚 圖	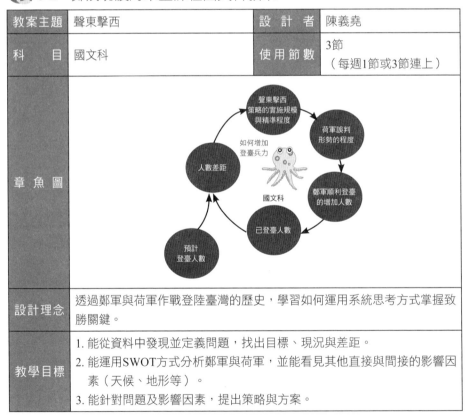		
設計理念	透過鄭軍與荷軍作戰登陸臺灣的歷史，學習如何運用系統思考方式掌握致勝關鍵。		
教學目標	1. 能從資料中發現並定義問題，找出目標、現況與差距。 2. 能運用SWOT方式分析鄭軍與荷軍，並能看見其他直接與間接的影響因素（天候、地形等）。 3. 能針對問題及影響因素，提出策略與方案。		

表 6-2　鄭成功渡海來臺課程國文科教案（續）

課綱核心素養	A.自主行動	■A2.系統思考與問題解決 ■A3.規劃執行與創新應變
	B.溝通互動	■B1.符號運用與溝通表達
	C.社會參與	■C2.人際關係與團隊合作

| 教案架構 | **問題的定義**
• 閱讀文本
• 角色結構圖
• 提出目標、現況、差距
• 36計的聯想 | **分析與對策**
• 鄭、荷兩軍的SWOT分析
• 地形分析
• 研擬策略 | **實作模擬**
• 角色扮演
• 軍情分析與報告
• 軍務分配
• 指令說明
• 信心喊話 |

	教學活動	時間	教學評量
1	第一節　問題的定義 1. 閱讀文本（決戰熱蘭遮P.128-P.147） 2. 畫出角色結構圖 3. 提出問題（目標-現況-差距） 4. 分組（4人1組）搜尋36計並口頭發表36計聯想運用	50分鐘	學習單 課堂發表
2	第二節　分析與對策 1. SWOT分析（戰力、儲糧、士氣等） 2. 人物分析（鄭、荷雙方） 3. 地形分析（自然地形、攻守位置、航道） 4. 研擬策略 （分組討論）	50分鐘	學習單
3	第三節　實作模擬 角色扮演：4人一組上臺發表，3位扮演謀士，上書策略、調查報告（整理、分析、歸納、推論、預期成效）1位扮演鄭成功，進行軍務分配、指令說明、信心喊話（領導統御）	50分鐘	分組表演

表 6-3　鄭成功渡海來臺課程地球科學科教案

教案主題	如何掌握正確的海流流況	設 計 者	白佩宜
科　目	地球科學科	使用節數	2節 （每週1節或2節連上）

章 魚 圖	

海流資訊準確度目標

海流資訊準確度現況

海流資訊準確度差距

調查海流流況的人數

如何掌握正確的海流流況

地球科學科

海流資訊準確度的提升幅度

因鄭軍徵糧懷有仇恨的澎湖調查員人數

錯誤海流流況資訊提供的數量

海流資訊準確度的降低程度

對策的反效果或後遺症<惡性循環>

設計理念	結合系統思考的概念及地球科學、海洋教育的重要概念，學習八爪章魚圖的繪製，並以鄭成功渡臺情境進行跨越時空的探究學習活動，學習解決問題。
教學目標	1. 能瞭解臺灣附近之海流狀況（地球科學、海洋教育）。 2. 能運用模擬航海程式蒐集資料，並進一步分析與歸納影響航海的自然因素（地球科學、海洋教育、探究與實作）。 3. 能查詢網路資料並擷取相關資訊（探究與實作）。 4. 能與小組合作討論，並上臺完整陳述論點（探究與實作）。

課綱核心 素　養	A.自主行動	■A2.系統思考與問題解決
	B.溝通互動	■B1.符號運用與溝通表達
	C.社會參與	■C2.人際關係與團隊合作

表 6-3　鄭成功渡海來臺課程地球科學科教案（續）

教案架構	成功渡海之風險 暗潮洶湧，如何掌握正確海流流況？ ↓ 影響航海的主要自然因素 模擬航海　　　臺灣附近海流概況　　　先民渡海來臺的風險 ↓ 鄭成功如何渡海來臺 擬定登陸計畫　　　　　　　　系統思考

	教學活動	時間	教學評量
1	暖身活動，引起動機： 古人以無機械動力的帆船，如何飄洋過海？ 飄洋過海的例子：古人移民沖繩、南島語族跳島遷徙…… **影響航海的主要自然因素** **Part1 小組活動-模擬航海** 以航海模擬程式，驗證古人的奇幻漂流或跳島冒險之旅。 不同季節（1月、7月）的航海模擬。 **Part2 教師介紹-臺灣附近海流概況** 介紹海流數值模式，瞭解臺灣不同季節（1月、7月）的流況。特別介紹臺灣海峽流況，瞭解其特性及季節變化。 **Part3 小組活動-先民渡海來臺的風險** 小組討論先民渡海可能遭遇的危機，完成學習單（或小海報）。	50分鐘	學習單

表 6-3 鄭成功渡海來臺課程地球科學科教案（續）

	如果你是鄭成功，如何成功渡過臺灣海峽？		
2	Part1系統思考：如何掌握正確海流流況？ 小組討論，完成如何掌握正確海流流況主題的八爪章魚圖。 小組分享已完成的八爪章魚圖內容。 Part2問題解決：擬訂登陸計畫 此部分為延伸討論（可延伸1~2節課，或由學生發展為小論文探討），可討論問題如下： 鄭成功渡臺的最佳季節？最佳港口？（結合海底地形其他單元的訓練） 亦可以給予一些條件（如存糧時間、船隻大小數量、士兵人數等），進行登陸方案擬定、發表、評論等。	50分鐘	八爪章魚圖分組報告

表 6-4　鄭成功渡海來臺課程海洋學科教案

教案主題	如何降低航海風險	設　計　者	陳正昌
科　　目	海洋學科	使用節數	2節 （每週1節或2節連上）

章　魚　圖	

章魚圖中文字標示：
荷蘭俘虜
鄭軍人員
調查海洋運動狀況的人數
被派到的鄭軍其工作量增加程度
被派到的荷軍人數
海洋運動知識增加的幅度
如何降低航海風險
心不甘情不願的調查員人數
風險值差距
海洋運動掌握度的提升幅度
錯誤海洋運動資訊提供的數量
海洋學科
航海風險現況值
航海風險目標值
對策的反效果或後遺症<惡性循環>
海洋運動掌握度的降低幅度

設計理念	讓同學從探討為什麼鄭成功派人研究海況一段時間後航海失事率仍然沒有降低，進而關心海洋科技以及海水的運動。

教學目標	認識海水的運動 1. 海岸線的變化 2. 近千年的氣候變化

課綱核心素　　養	A.自主行動	■A2.系統思考與問題解決
	B.溝通互動	■B1.符號運用與溝通表達 ■B2.科技資訊與媒體素養
	C.社會參與	■C2.人際關係與團隊合作

表 6-4　鄭成功渡海來臺課程海洋學科教案（續）

教案架構	其實你懂得 比鄭成功還多 • 1661年的地科知識 • 1661年的航海技術 • 1661年的臺灣地圖	17世紀時的 臺灣 • 17世紀的氣候 • 17世紀的潮汐	穿越時空 去幫忙鄭成功 • 應該運用什麼儀器 • 應該蒐集什麼資料 • 降低哪些航海風險

	教學活動	時間	教學評量
1	介紹1661年地球科學知識和科技發展及當時臺灣的海圖。	20分鐘	學習單
2	探討17世紀臺灣的氣候、潮汐變化、海水運動等。	30分鐘	學習單
3	各組討論出一項當年鄭成功航海時可能會遇到的危險，可以用什麼現代儀器、蒐集哪些資料來改善，繪製成八爪章魚圖，並進行分組發表。	50分鐘	八爪章魚圖分組發表

表 6-5 鄭成功渡海來臺課程生物科教案

教案主題	糧食危機處理~ 從鄭成功攻臺戰役談起	設 計 者	柯如營
科　　目	生物科	使 用 節 數	3節 （每週1節或3節連上）

章 魚 圖	
設計理念	從鄭成功攻臺戰役糧食危機處理談起，導入基因科技與作物改良知識的學習。
教學目標	1. 瞭解鄭成功攻臺戰役的歷史背景。 2. 以系統思考分析鄭成功糧食危機處理的對策與後遺症。 3. 從生物科技的觀點出發，思考糧食危機處理的配套措施。

表 6-5　鄭成功渡海來臺課程生物科教案（續）

課綱核心素養	A.自主行動	■A2.系統思考與問題解決
	B.溝通互動	■B1.符號運用與溝通表達
		■B2.科技資訊與媒體素養
	C.社會參與	■C2.人際關係與團隊合作

教案架構	

糧食危機處理：從鄭成功攻臺戰役談起

- 導入活動：林鳳營的誕生
- 發展活動：鄭成功攻臺戰役的糧食危機處理
  - 定義問題 瞭解現況與差距
  - 找出對策
  - 討論決策衍生的後遺症
- 綜合活動：假如我是鄭成功
  - 研擬糧食增產的對策

	教學活動	時間	教學評量
1	導入活動：林鳳營的誕生 1. 提問討論：「林鳳營鮮乳」的「林鳳營」是什麼意思？ 2. 閱讀文獻資料，瞭解柳營、新營、林鳳營、左鎮等地名的由來。 3. 討論分享閱讀結果。	30分鐘	課堂發表 學習單
2	發展活動：鄭成功攻臺戰役的糧食危機處理 1. 閱讀文獻，整理鄭成功面對糧食危機處理的對策，並剖析決策產生的後遺症。 2. 學生以小組為單位，將鄭成功糧食危機處理的相關資訊填入章魚圖的空格中。 3. 小組發表各組製作的章魚圖。	55分鐘	八爪章魚圖 小組發表

🌑 表 6-5　鄭成功渡海來臺課程生物科教案（續）

3	綜合活動：假如我是鄭成功 1. 開放學生查詢資料，從生物科技的角度搜尋糧食增產的方式。 2. 以心智圖整理分類搜尋到的方式，並上臺發表。 3. 綜合整理學生提出的配套措施，連結並延伸相關課本知識。	65分鐘	心智圖 小組發表

🌑 表 6-6　鄭成功渡海來臺課程化學科教案

教 案 主 題	如何提高炮攻火力	設 計 者	林虹均
科　　　目	化學科	使 用 節 數	3節 （每週1節或3節連上）

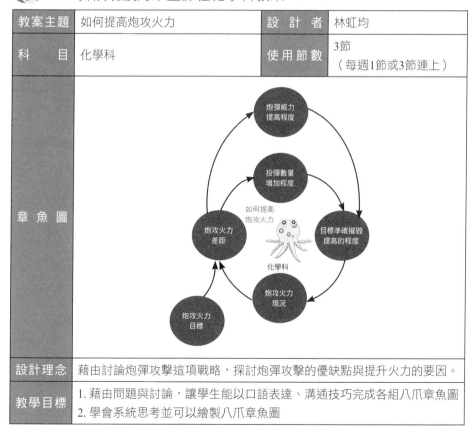

章 魚 圖	
設計理念	藉由討論炮彈攻擊這項戰略，探討炮彈攻擊的優缺點與提升火力的要因。
教學目標	1. 藉由問題與討論，讓學生能以口語表達、溝通技巧完成各組八爪章魚圖 2. 學會系統思考並可以繪製八爪章魚圖

表 6-6　鄭成功渡海來臺課程化學科教案（續）

課綱核心素養	A.自主行動	■A2.系統思考與問題解決
	B.溝通互動	■B2.科技資訊與媒體素養
	C.社會參與	■C2.人際關係與團隊合作

教案架構	背景知識的建立　→　學生分組討論問題　→　老師帶領學生分組繪製八爪章魚圖　→　分組發表

	教學活動	時間	教學評量
1	講授化學爆炸原理、炮彈彈道、炮管的製程、鐵元素、黑火藥成分。	50分鐘	學習單
2	學生分組討論問題：如何提高鄭軍炮攻熱蘭遮城的槍炮火力。	50分鐘	學習單
3	帶領各組繪製完成系統性思考的八爪章魚圖，並進行分組發表。	50分鐘	八爪章魚圖分組發表

表 6-7　鄭成功渡海來臺課程物理科教案

教案主題	如何提高槍炮命中率	設 計 者	胡家瑒
科　　目	物理科	使用節數	2節 （每週1節或2節連上）

章 魚 圖	
設計理念	結合歷史背景與物理原理，分析如何在有限的資源下提高槍炮精準度與殺傷力。
教學目標	1. 透過老師說明瞭解基礎知識與定義。 2. 學會分析變因，找出優化命中率、殺傷力的條件。 3. 透過小組討論，讓學生能完成八爪章魚圖。 4. 學會系統思考分析問題，找到優化的條件並繪製八爪章魚圖。

課綱核心 素　　養	A.自主行動	■A2.系統思考與問題解決 ■A3.規劃執行與創新應變
	B.溝通互動	■B2.科技資訊與媒體素養
	C.社會參與	■C2.人際關係與團隊合作

表 6-7　鄭成功渡海來臺課程物理科教案（續）

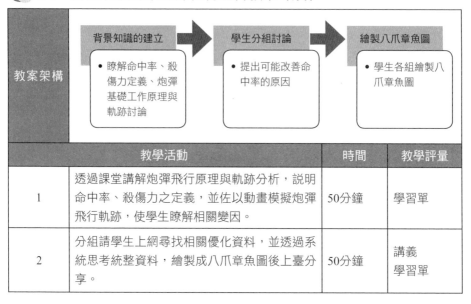

教案架構	背景知識的建立 • 瞭解命中率、殺傷力定義、炮彈基礎工作原理與軌跡討論	學生分組討論 • 提出可能改善命中率的原因	繪製八爪章魚圖 • 學生各組繪製八爪章魚圖

	教學活動	時間	教學評量
1	透過課堂講解炮彈飛行原理與軌跡分析，説明命中率、殺傷力之定義，並佐以動畫模擬炮彈飛行軌跡，使學生瞭解相關變因。	50分鐘	學習單
2	分組請學生上網尋找相關優化資料，並透過系統思考統整資料，繪製成八爪章魚圖後上臺分享。	50分鐘	講義 學習單

6-3　鄭成功渡海來臺跨領域專題式課程開發專案管理實務經驗學習

　　整個鄭成功渡海來臺跨領域專題式課程的開發，我們將它定義為一項專案，並導入了專案管理（Project Management）的知識工具，經過實際的操作，我們確認：

1. 應用「八爪章魚覓食術」確實可以快速有效地在高中開發兼具「系統思考與解決問題」核心素養與本學科專業知識的課程。
2. 應用專案管理於高中跨領域專題式課程開發，確實能如期、如質、如預算、如範疇地完成專案。

　　這是一次在高中教學現場成功開發跨領域專題式課程的案例，回顧整個專案執行過程，我們整理出寶貴的實務經驗，希望提供作為其他教

育夥伴未來開發相關課程時之參考學習，表6-8與表6-9的製作也適合用
來對應「規劃執行與創新應變」核心素養。

表 6-8　鄭成功渡海來臺專案實務經驗表

實務經驗Leassons Learned				
生命週期 / 管理類別	專案起始階段	專案規劃階段	專案執行階段	專案監控階段	專案結束階段
整合管理	擬定一份精確的一頁專案章程（專案提案書），如表6-9所示。 1. 有助於專案的爭取 2. 確立專案能如期、如質、如預算地使命必達。				
利害關係人管理	爭取學校的支持 1. 讓校長看見專案的意義與價值，有助於各項資源的到位。 2. 爭取各單位主管認同與支持，有助於專案的順利執行與推動。			必須考慮組織的文化，進行中不要對原組織產生太多影響，尤其不要造成其他同仁的負擔。	專案的成功來自各方的協助和努力，獲得的成果自然要與所有人一同分享。
時間管理	1. 不能只考慮專案的生命週期，要兼顧專案成員的工作週期（例如：參考學校的行事曆）與生活週期（例如：專案成員的家庭照顧部分）。 2. 重要里程碑之間要有足夠的時程與浮時，讓成員在繁重的工作之餘，可以慢慢學習、沉澱與產出。 3. 只一味追求專案的效率會造成專案本身的時間壓力，以及專案成員的時間壓力。			在不影響重要里程碑情況下，保持時間管理的彈性，隨時做適度的調整。	

注：表頭含「生命週期」（橫向）與「管理類別」（縱向）。

表 6-8　鄭成功渡海來臺專案實務經驗表（續）

實務經驗Leassons Learned				
管理類別 ＼ 生命週期	專案起始階段	專案規劃階段	專案執行階段	專案監控階段	專案結束階段
人力資源管理	**邀請對的人加入團隊** 弱矩陣組織要能成功，以下三種身分缺一不可： 1. 專業的指導教授 2. 有經驗的專案經理 3. 符合課程屬性的教師群			1. 專業的指導教授 (1) 提供專業指導。 (2) 扮演引導和督促角色，強化組織的方向性、向心力和凝聚力。 2. 專案經理（或專案助理） 確保專案如期、如質、如預算、如範疇地使命必達。 3. 符合課程屬性的教師群屬性相近的教師夥伴加入團隊，成功率遠高於用任務分配方式隨意組成的團隊。	
	增強組織運作的動能 1. 明確闡述專案的目標、意義和價值，追求新知的心和教學的熱誠，會吸引教師加入專案團隊。			1. 善用知識學習的成就感 每一次的研習都要能賦予不同階段的學習及任務，讓教師覺得對自我提升是有助益的，知識學習的成就感是團體持續運作很重要的因素之一。 2. 兼顧任務需求與體貼團隊成員的時程安排，儘量減輕計畫帶來的壓力和負擔。 3. 有經驗的專案經理，隨時提供專業諮詢及資源，協助成員如期、如質、如預算完成任務，並要隨時關心組織成員，提升組織的認同度與向心力。	

表 6-8　鄭成功渡海來臺專案實務經驗表（續）

實務經驗Leassons Learned					
管理 類別 ＼ 生命 週期	專案起始 階段	專案規劃 階段	專案執行 階段	專案監控 階段	專案結束 階段
				4. 建立有溫度的社群網絡 　網路社群在訊息傳達、知識 　分享及建立情誼上，相當有 　功效。然而。教師們通常自 　我要求嚴謹，沒有十足把握 　或覺得還不夠好的教案及想 　法，通常不習慣公開在社群 　上，更不能接受公然被討論 　或批判。因此，課程研發建 　議先不要採網路社群方式進 　行，還是可以用面對面的工 　作 坊或小組討論方式進行。	

表 6-9　鄭成功渡海來臺跨領域專題式課程一頁專案章程

項　　目	說　　明
專案名稱	研發跨領域專題式課程——「鄭成功渡海來臺」
專案目標	如期：1 年內完成 如質：完成一套跨領域專題式且具備「系統思考與解決問題」核 　　　心素養的課程。 如預算：10萬元（實際在5萬元以內執行完成）
專案範疇	1. 專題式課程名稱為：鄭成功渡海來臺 2. 運用八爪章魚覓食術進行課程開發 3. 完成的課程必須是跨領域、專題式且具備「系統思考與解決問 　題」核心素養 4. 開發課程期間辦理教師系統思考賦能工作坊三場 5. 課程開發完成後舉辦教案發表會一場

表 6-9　鄭成功渡海來臺跨領域專題式課程一頁專案章程（續）

項　　目	說　　明
專案緣起	108學年度以培育核心素養為目標的新課綱將正式實施，期能成功研發出一組具備「系統思考與解決問題」核心素養的跨領域專題式課程，提供高中教師作為參考。
專案生命週期	1年
主要里程碑	1. 課程研發計畫啟動時間：2018.04.01 2. 完成專案章程：2018.04.30 3. 專案組織建立完成時間：2018.04.30 4. 完成3場教師系統思考賦能工作坊： 　　2018.12.31（提前於10/14完成） 5. 完成同一個專題不同學科的系統思考課程架構圖： 　　2019.01.31（提前於10/14完成） 6. 跨領域專題式課程系統架構整合完成： 　　2019.02.28（提前於10/14完成） 7. 課程教案發表：2019.03.31（提前於1/31完成）
專案組織型態	弱矩陣組織 （由於彼此間並沒有上下從屬關係的教師夥伴，憑藉彼此交情與教育熱忱所組成）
專案基本需求	1. 辦理賦能工作坊場地，需有網路及簡報設備 2. 經費（文具、餐費、講座鐘點費）
專案假設狀況	1. 專案成員老師懷抱教育熱忱，願意投入非本業務的課程研發。
	2. 校長、教務主任、各處室及其他老師支持這個專案。
專案贊助者簽名	校長

 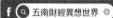

五南圖書商管財經系列

職場先修班 給即將畢業的你，做好出社會前的萬全準備！

3M51 面試學
定價：280元

3M70 薪水算什麼？
機會才重要！
定價：250元

3M55
系統思考與問題
解決
定價：250元

3M57
超實用財經常識
定價：200元

3M56
生活達人精算術
定價：180元

491A
破除低薪魔咒：
職場新鮮人必知的
50個祕密
定價：220元

職場必修班 職場上位大作戰！ 強化能力永遠不嫌晚！

3M47
祕書力：主管的
全能幫手就是你
定價：350元

3M71
真想立刻去上班：
悠遊職場16式
定價：280元

1O11
國際禮儀與海外
見聞（附光碟）
定價：480元

3M68
圖解會計學精華
定價：350元

491A
破除低薪魔咒：
職場新鮮人必知的
50個祕密
定價：220元

1F0B
創新思考與企劃撰寫
定價：350元

  五南文化事業機構
WU-NAN CULTURE ENTERPRISE
地址：106 臺北市和平東路二段 339 號 4 樓
電話：02-27055066 轉 824、889 業務助理 林小姐

  五南財經異想世界

國家圖書館出版品預行編目(CIP)資料

輕鬆搞定!新課綱系統思考素養的教與學：不
被機器人取代的能力/楊朝仲, 李政熹, 管新芝,
徐文濤, 吳秋萱, 白佩宜, 徐君蘭, 陳正昌, 柯如
營, 陳義堯, 林虹均, 胡家瑒著. -- 二版. -- 臺北
市：五南圖書出版股份有限公司, 2024.09
　面；　公分
ISBN 978-626-393-734-5(平裝)
1.CST: 教學設計 2.CST: 中等教育
524.3　　　　　　　　　　113012902

1H2H

輕鬆搞定！新課綱
系統思考素養的教與學
不被機器人取代的能力

主　　編—楊朝仲

作　　者—楊朝仲、李政熹、管新芝、徐文濤、吳秋萱、
　　　　　白佩宜、徐君蘭、陳正昌、柯如營、陳義堯、
　　　　　林虹均、胡家瑒

企劃主編—侯家嵐

責任編輯—李貞錚　侯家嵐

文字校對—林芸郁

封面完稿—姚孝慈

排版設計—張淑貞　徐慧如

出 版 者—五南圖書出版股份有限公司

發 行 人—楊榮川

總 經 理—楊士清

總 編 輯—楊秀麗

地　　址：106臺北市大安區和平東路二段339號4樓

電　　話：(02)2705-5066　　傳　　真：(02)2706-6100

網　　址：https://www.wunan.com.tw

電子郵件：wunan@wunan.com.tw

劃撥帳號：01068953

戶　　名：五南圖書出版股份有限公司

法律顧問　林勝安律師

出版日期：2019年10月初版一刷
　　　　　2024年 9 月二版一刷

定　　價：新臺幣320元

經典永恆・名著常在

五十週年的獻禮——經典名著文庫

五南，五十年了，半個世紀，人生旅程的一大半，走過來了。

思索著，邁向百年的未來歷程，能為知識界、文化學術界作些什麼？

在速食文化的生態下，有什麼值得讓人雋永品味的？

歷代經典・當今名著，經過時間的洗禮，千錘百鍊，流傳至今，光芒耀人；

不僅使我們能領悟前人的智慧，同時也增深加廣我們思考的深度與視野。

我們決心投入巨資，有計畫的系統梳選，成立「經典名著文庫」，

希望收入古今中外思想性的、充滿睿智與獨見的經典、名著。

這是一項理想性的、永續性的巨大出版工程。

不在意讀者的眾寡，只考慮它的學術價值，力求完整展現先哲思想的軌跡；

為知識界開啟一片智慧之窗，營造一座百花綻放的世界文明公園，

任君遨遊、取菁吸蜜、嘉惠學子！